Le Moine
qui vendit sa Ferrari

Données de catalogage avant publication (Canada)

Sharma, Robin Shilp, 1964-

Le moine qui vendit sa Ferrari: une fable spirituelle pour réaliser vos rêves et accomplir votre destinée

(Collection Romans d'inspiration)
Traduction de: The monk who sold his Ferrari.

ISBN 2-89225-373-X

1. Succès. I. Titre. II. Collection.

BF637.S8S5414 1999   158   C99-940315-X

Cet ouvrage a été publié en langue anglaise sous le titre original:
THE MONK WHO SOLD HIS FERRARI, A SPIRITUAL FABLE ABOUT
FULFILLING YOUR DREAMS AND REACHING YOUR DESTINY
Published by HarperCollins Publishers Ltd, Suite 2900, Hazelton Lanes,
55 Avenue Road, Toronto, Canada M5R 3L2
Copyright © 1997 by Robin S. Sharma
All rights reserved

©, Les éditions Un monde différent ltée, 1999
Pour l'édition en langue française

Dépôts légaux: 1er trimestre 1999
Bibliothèque nationale du Québec
Bibliothèque nationale du Canada
Bibliothèque nationale de France

Conception graphique de la couverture:
OLIVIER LASSER

Version française:
SONIA SCHINDLER

Photocompostion et mise en pages:
COMPOSITION MONIKA, QUÉBEC

ISBN 978-2-89225-373-3
(Édition originale: ISBN 0-00-638512-5, HarperCollins Publishers,
Toronto)

Nous reconnaissons l'aide financière du gouvernement du Canada par l'entremise du Programme d'Aide au Développement et l'Industrie de l'Édition pour nos activités d'édition.

Robin Shilp Sharma

Le Moine
qui vendit sa Ferrari

Une fable spirituelle pour réaliser vos rêves
et accomplir votre destinée

Éditions Un monde différent Ltée
3905, rue Isabelle
Bureau 101
Brossard, Québec
J4Y 2R2
Fax: 450.659.9328

À mon fils, Colby,
qui me fait penser tous les jours
à tout ce qui est bon dans ce monde.

Sois béni.

Remerciements

Le Moine qui vendit sa Ferrari est un projet très spécial, qui a vu le jour grâce aux efforts de certaines personnes remarquables. Je suis profondément reconnaissant à ma superbe équipe de production et à tous ceux dont l'enthousiasme et l'énergie ont transformé ma vision de ce livre pour en faire une réalité, et tout particulièrement à ma famille, la *Sharma Leadership International*. Je suis ému par votre engagement et du sens donné à la mission qui vous incombait.

Je tiens à exprimer des remerciements spéciaux:

- aux milliers de lecteurs de mon premier livre, *Mega-Living!*, qui ont généreusement pris le temps de m'écrire et de partager l'histoire de leurs succès ou qui ont assisté à mes séminaires. Merci pour votre soutien inlassable et votre amour. Vous êtes la raison pour laquelle je fais ce que je fais.

- à Karen Petherick, pour ses conseils concernant la disposition de cet ouvrage et pour ses efforts incessants afin que ce projet soit terminé dans les délais prévus.

- à mon ami d'enfance, John Samson, pour ses commentaires perspicaces sur les premiers jets, et à Mark Klar, Tammy et Shareef Isa pour leurs excellents éclaircissements à propos du manuscrit.

- à Ursula Kaczmarczyk, du ministère de la Justice, pour ses encouragements et son soutien.

- à Kathi Dunn pour sa brillante illustration de la couverture. Je pensais que rien ne pourrait surpasser *Timeless Wisdom for Self-Mastery*. Je me suis trompé.

- à Mark Victor Hansen, Rick Frishman, Ken Vegotsky, Bill Oulton et, tout particulièrement, à Satya Paul et Krishna Sharma.

- et surtout, à mes merveilleux parents, Shiv et Shashi Sharma, qui m'ont guidé et m'ont aidé depuis le premier jour; à mon frère, loyal et sage, Sanjay Sharma, M.D., et à sa bonne épouse, Susan; à ma fille, Bianca, pour sa présence; et à Alka, ma femme et ma meilleure amie. Vous êtes tous la lumière qui me montre le chemin.

- à Iris Tupholme, Claude Primeau, Judy Brunsek, Carol Bonnett, Tom Best, Michaela Cornell et le reste de l'extraordinaire équipe de HarperCollins pour son énergie, son enthousiasme et sa foi en ce livre. Un merci très spécial et cordial à Ed Carson, président de HarperCollins, qui a su voir immédiatement le potentiel de ce livre, qui a cru en moi, et qui a permis que ce livre se fasse. J'apprécie profondément ses conseils.

«Pour moi, la vie n'est pas une chandelle qui jette une brève lueur, c'est une sorte de flambeau splendide que j'ai pour le moment entre les mains, et je veux qu'il brûle aussi haut et aussi fort que possible avant de le remettre aux générations futures.»

George Bernard Shaw

Table des matières

CHAPITRE UN

L'alerte

Il s'affaissa subitement au beau milieu de la salle d'audience comble du tribunal. C'était l'un des avocats plaidants les plus distingués du pays. C'était également un homme connu aussi bien pour les costumes italiens à trois mille dollars qui ornaient son corps bien nourri que pour sa remarquable collection de victoires juridiques. Je restais là sans bouger, paralysé par la scène saisissante qui venait de se dérouler sous mes yeux. Le grand Julian Mantle, réduit soudain au rôle de victime, se tordait maintenant sur le sol comme un nourrisson impuissant, tremblant, frissonnant, et transpirant comme un dément.

À partir de ce moment-là, tout sembla s'enchaîner au ralenti. «Mon Dieu, Julian se trouve mal!», cria son adjointe, dont les émotions nous offrirent l'image aveuglante de la réalité. La juge paniquée marmonna rapidement quelque chose dans le téléphone privé qu'elle avait fait installer pour les cas d'urgence. Quant à moi, je ne pouvais que rester là, l'esprit confus et embrumé. «*Je t'en prie, ne meurs pas, vieux fou. Il est trop tôt pour que tu nous quittes. Tu ne mérites pas de mourir comme ça.*»

L'huissier qui, quelques instants auparavant, avait l'air d'avoir été embaumé dans la position verticale, se jeta dans l'action et commença à pratiquer les techniques de réanimation sur le héros déchu. L'adjointe était à ses côtés, ses longues boucles blondes balayant le visage congestionné de Julian; elle lui murmurait des paroles de réconfort, paroles que, de toute évidence, il ne pouvait pas entendre.

Je connaissais Julian depuis dix-sept ans. Nous nous étions rencontrés la première fois alors que j'étais un jeune étudiant en droit, engagé par l'un de ses associés pour faire de la recherche durant un été. À cette époque-là, il pouvait tout. C'était un avocat plaidant, brillant et audacieux, qui avait des rêves de grandeur. Julian était la jeune étoile du cabinet d'avocats; c'est lui qui faisait la pluie et le beau temps. Je me rappelle encore être passé devant son superbe bureau en coin, un soir où je travaillais tard, et j'aperçus une citation encadrée placée sur son bureau en chêne massif. Elle était de Winston Churchill et révélait énormément de choses sur l'homme qu'était Julian:

« Je suis certain qu'en ce jour nous sommes les maîtres de notre destin, que la tâche qui nous a été dévolue n'est pas au-dessus de nos forces, que les douleurs et les fatigues de cette tâche ne dépasseront pas les limites de mon endurance. Tant que nous aurons foi en notre propre cause et la volonté inébranlable de gagner, la victoire ne nous sera pas refusée. »

Julian mettait ces principes en application. Il était impitoyable, infatigable et prêt à travailler dix-huit heures par jour pour connaître le succès qu'il estimait être son destin. J'avais entendu des rumeurs selon lesquelles son grand-père avait été un sénateur très connu et son père un juge très respecté de la Cour fédérale. Il était évident qu'il venait d'une famille cossue et que d'énormes attentes pesaient sur ses épaules vêtues par Armani. Je dois admettre une chose tout de même: il choisissait son propre rythme. Il était décidé à faire les choses à sa façon, et il adorait se mettre en scène.

Ses plaidoiries théâtrales et souvent outrageantes faisaient régulièrement la manchette des journaux. Les gens riches et les célébrités accouraient chez lui chaque fois qu'ils avaient besoin d'un superbe tacticien juridique, prompt à l'attaque. Ses activités non professionnelles étaient probablement tout aussi connues. Ses dîners tardifs dans les meilleurs restaurants de la ville, accompagné par de jeunes mannequins sexy, ou ses beuveries déchaînées avec la bande bruyante de courtisans qu'il appelait son «équipe de démolition», étaient devenus légendaires au cabinet d'avocats pour lequel il travaillait.

Je ne peux toujours pas comprendre pourquoi il m'a choisi pour travailler avec lui à cette sensationnelle affaire de meurtre qu'il devait plaider ce premier été. Même si j'étais diplômé de la faculté de droit de Harvard, sa propre université, je n'étais certainement pas le stagiaire le plus brillant du cabinet, et je n'avais pas de sang bleu, de sang noble dans mon arbre généalogique. Mon père avait travaillé toute sa vie comme gardien de sécurité dans une banque locale, après un passage dans les fusiliers marins. Ma mère avait grandi sans cérémonie dans le Bronx.

Pourtant, il m'avait choisi parmi tous les autres qui avaient fait pression discrètement sur lui pour avoir le privilège d'être l'homme juridique à tout faire lors du procès qui fut connu sous le nom de «L'ancêtre de tous les procès criminels». Il disait qu'il aimait mon «appétit». Bien entendu, nous avons gagné et le cadre supérieur qui avait été accusé d'avoir assassiné brutalement sa femme était maintenant un homme libre, ou aussi libre que sa conscience chargée lui permettait de l'être.

Cet été-là, ma propre éducation, fut riche. C'était beaucoup plus qu'une leçon sur la façon de créer un doute raisonnable lorsqu'il n'en existait aucun, n'importe quel avocat digne de ce nom pouvait en faire autant. C'était une leçon sur la psychologie de la victoire et une rare occasion d'observer un maître au travail. J'avais absorbé tout cela comme une éponge.

J'acceptai l'invitation de Julian de travailler dans le cabinet d'avocats comme adjoint, et une amitié durable se créa rapidement entre nous. Je dois admettre qu'il n'était pas le plus facile des avocats avec lequel travailler. Lui servir d'aide était souvent un exercice frustrant qui menait à bien d'autres choses que quelques altercations tard dans la nuit. Il fallait vraiment lui obéir ou partir. Cet homme ne pouvait jamais se tromper. Cependant, sous ses dehors rébarbatifs et bourrus, il y avait un homme qui s'intéressait sincèrement aux autres.

Même s'il était très occupé, il demandait toujours des nouvelles de Jenny, la femme que j'appelais encore «ma petite fiancée», bien que nous nous étions mariés avant que j'entre à la faculté de droit. Lorsqu'il découvrit par un autre stagiaire que j'étais dans une situation financière difficile, Julian prit des dispositions pour que je reçoive une bourse d'études généreuse. Bien sûr, je ne pouvais pas tenir tête aux plus brillants de ses collègues et, bien entendu, il aimait s'éclater, mais il ne négligeait jamais ses amis. Le vrai problème était que Julian était obsédé par le travail.

Durant les premières années, il justifiait ses longues heures de travail en disant qu'il le faisait pour «le bien de la boîte», qu'il avait l'intention de prendre un mois de congé et d'aller dans les îles Caïmans «sûrement l'hiver prochain». À mesure que le temps passait, toutefois, la réputation de brillant avocat de Julian s'étendait, et sa charge de travail continuait à augmenter. On lui confiait des causes de plus en plus importantes, et Julian n'étant pas le genre d'homme à reculer devant un bon défi, il continuait à travailler de plus en plus dur. Durant ses rares moments de calme, il me confiait qu'il ne pouvait plus guère dormir que deux heures sans se réveiller avec un sentiment de culpabilité parce qu'il n'était pas en train de travailler à un dossier. Je compris rapidement qu'il était consumé par le désir d'obtenir toujours davantage: davantage de prestige, davantage de gloire et davantage d'argent.

Comme il fallait s'y attendre, la réussite de Julian fut éclatante. Il obtint tout ce que la plupart des gens peuvent désirer: une réputation professionnelle de premier plan avec un revenu qui dépassait le million, un château spectaculaire dans un quartier habité par des célébrités, un jet privé, une villa d'été située sur une île tropicale et, la prunelle de ses yeux, une Ferrari rouge brillant de tous ses feux, qu'il garait au centre de l'allée menant à sa résidence.

Pourtant, je savais que les choses n'étaient pas aussi idylliques qu'elles semblaient l'être en apparence. Je pouvais observer les signes d'un désastre imminent non pas parce que j'étais plus perspicace que mes autres collègues, mais simplement parce que je passais plus de temps qu'eux avec lui. Nous étions toujours ensemble parce que nous étions toujours en train de travailler. Les choses ne semblaient jamais ralentir. Il y avait toujours à l'horizon une autre cause sensationnelle plus importante que la précédente. Nous n'étions jamais assez préparés pour Julian. Que se passerait-il si le juge soulevait cette question ou cette autre? Que Dieu nous en préserve! Que se passerait-il si notre recherche n'était pas tout à fait parfaite? Que se passerait-il si, au beau milieu d'une salle de tribunal comble, il était surpris tel un cerf pris dans la lumière crue d'une paire de phares? Donc, nous allions au bout de nos forces et je fus aussi aspiré dans son petit monde axé sur le travail. Nous étions là, deux esclaves de l'heure, travaillant avec acharnement au soixante-quatrième étage d'un quelconque monolithe d'acier et de verre, convaincus que nous étions les maîtres du monde, aveuglés par une version illusoire du succès, tandis que la plupart des gens normaux étaient chez eux entourés de leur famille.

Plus je passais de temps avec Julian, plus je pouvais voir qu'il était en train de se détruire lentement. Il semblait avoir une sorte de désir de mort. Rien ne pouvait jamais le satisfaire. Son mariage fut un échec au bout du compte, il ne parlait plus à son père, et même s'il avait toutes les possessions matérielles que l'on puisse désirer, il n'avait toujours pas trouvé ce qu'il cherchait. Cela se voyait sur tous les plans, émotionnel, physique, et spirituel.

À cinquante-trois ans, Julian avait l'air d'un homme qui s'approchait à grands pas de ses quatre-vingts ans. Son visage était sillonné de rides, et c'était un prix fort peu glorieux de son approche excessive de la vie en général, et du stress épouvantable de sa vie déséquilibrée en particulier. Les dîners tardifs dans les restaurants français coûteux, les gros cigares cubains et les verres de cognac successifs en avaient fait un homme obèse. Il se plaignait constamment d'en avoir assez d'être fatigué et malade. Il avait perdu son sens de l'humour et ne riait plus jamais. La nature enthousiaste de Julian avait été remplacée par une morosité mortelle. Je pense personnellement que sa vie n'avait plus aucun sens.

La chose la plus triste peut-être était qu'il avait aussi perdu sa concentration au tribunal. Alors qu'auparavant il éblouissait tous ceux qui étaient présents par ses conclusions éloquentes et indiscutables, maintenant, il radotait pendant des heures, divaguant au sujet de causes obscures qui n'avaient que peu ou pas de rapport avec l'affaire dont la Cour était saisie. Alors qu'auparavant il réagissait élégamment aux objections de l'avocat de la partie adverse, il répliquait maintenant par des sarcasmes mordants qui mettaient sérieusement à l'épreuve la patience des juges qui l'avaient perçu antérieurement comme un génie du Barreau. En deux mots, l'étincelle de vie de Julian avait commencé à vaciller.

Ce n'était pas seulement la fatigue causée par son rythme de vie frénétique qui l'entraînait prématurément vers sa mort.

J'avais le sentiment qu'il entretenait des raisons plus profondes. Il semblait que c'était quelque chose de spirituel. Presque chaque jour, il me disait qu'il n'avait plus aucune passion pour ce qu'il faisait et se sentait enveloppé par le vide. Julian me confia que lorsqu'il était un jeune avocat, il avait vraiment aimé le droit, bien qu'il ait été poussé au départ dans cette direction par les exigences sociales de sa famille. Les complexités du droit et les défis intellectuels qu'il lui posait l'avaient fasciné et électrisé. Le pouvoir de réaliser des changements sociaux l'avait inspiré et motivé. À cette époque-là, il était bien autre chose qu'un jeune richard du Connecticut. Il se voyait vraiment comme une force du bien, un instrument d'amélioration sociale qui pouvait utiliser ses talents évidents pour aider les autres. Cette vision donnait un sens à sa vie. Elle lui donnait un but et nourrissait ses espoirs.

Son désintérêt pour sa profession n'était cependant pas la seule explication à la chute de Julian. Il avait vécu une grande tragédie avant que je fasse sa connaissance. Selon l'un des principaux associés, quelque chose de réellement exécrable lui était arrivé, mais personne ne voulait en parler. Même le vieux Harding, l'associé directeur général, bavard impénitent, qui passait plus de temps au bar du Ritz-Carlton que dans son bureau dont les dimensions disproportionnées étaient gênantes, disait qu'il avait juré de ne rien révéler. Quel que soit ce profond secret, je soupçonnais qu'il avait, d'une certaine façon, contribué à la spirale descendante de Julian. Bien sûr, j'étais curieux, mais surtout, je voulais l'aider. Il n'était pas seulement mon mentor, il était aussi mon meilleur ami.

Et puis, c'est arrivé. Cette terrassante crise cardiaque fit s'effondrer le brillant Julian Mantle et le ramena à son état de mortel. Exactement au milieu de la salle de tribunal numéro 7, un lundi matin, la même salle où nous avions gagné le procès qui avait été l'«ancêtre de tous les procès criminels».

CHAPITRE DEUX

Le mystérieux visiteur

C'était une réunion convoquée d'urgence pour tous les membres du cabinet d'avocats. Pendant que nous nous entassions dans la principale salle de réunion du conseil d'administration, je pouvais voir qu'il y avait un sérieux problème. Le vieux Harding fut le premier à prendre la parole.

«Je suis au regret d'avoir à vous annoncer de très mauvaises nouvelles. Julian Mantle a eu une grave crise cardiaque au tribunal hier pendant qu'il plaidait dans l'affaire *Air Atlantic*. Il est actuellement aux soins intensifs, mais ses médecins m'ont fait savoir que son état est maintenant stable et qu'il se remettra. Cependant, Julian a pris une décision, une décision que vous devez tous connaître. Il a décidé de quitter notre famille et d'abandonner la profession. Il ne reviendra pas ici.»

J'étais sous le choc. Je savais qu'il avait sa part de problèmes, mais je n'avais jamais pensé qu'il abandonnerait. En outre, après tout ce que nous avions traversé ensemble, je pensais qu'il aurait dû avoir la courtoisie de me dire cela personnellement. Il ne voulait même pas que je lui rende visite à l'hôpital. Chaque fois que j'y allais, les infirmières avaient reçu instruction de me dire qu'il dormait et qu'il ne fallait pas le déranger. Il avait même refusé de répondre à mes appels au téléphone. Peut-être que je lui rappelais une vie qu'il voulait oublier. Qui sait? Je ne peux cependant pas vous cacher que ça faisait mal.

Cet épisode s'est passé il y a trois ans. La dernière fois que j'ai entendu parler de lui, Julian était parti en Inde pour une sorte d'expédition. Il avait dit à l'un de ses associés qu'il voulait que sa vie soit plus simple: il avait «besoin de quelques réponses» et il espérait les trouver dans ce pays mystique. Il avait vendu son château, son jet et son île privés. Il avait même vendu sa Ferrari. «*Julian Mantle en yogi indien*», pensai-je. «*Le droit produit des résultats tout à fait mystérieux.*»

Durant ces trois années, de jeune avocat surmené, j'étais devenu un avocat blasé et quelque peu cynique. Ma femme Jenny et moi avons eu des enfants. Petit à petit, j'ai commencé ma propre recherche pour trouver un sens à la vie. Je crois que c'était à cause des enfants. Ils changèrent fondamentalement ma façon de voir le monde et le rôle que je devais y jouer. Mon père avait eu le mot juste lorsqu'il m'avait dit: «John, sur ton lit de mort, tu ne regretteras jamais de n'avoir pas passé plus de temps au bureau.» Je commençai donc à passer plus de temps chez moi. Je m'installai dans une existence assez agréable, mais plutôt ordinaire. Je devins membre du club *Rotary* et je jouais au golf le samedi pour faire plaisir à mes associés et à mes clients. Mais je dois vous dire que, dans mes moments de calme, je pensais souvent à Julian et je me demandais ce qu'il lui était arrivé durant ces années, depuis le jour où nous nous étions quittés à l'improviste.

Il s'était peut-être établi en Inde, un pays qui offre tant de diversités que même une âme agitée comme la sienne aurait pu s'y installer. Ou peut-être qu'il parcourait à pied le Népal? Qu'il faisait de la pêche sous-marine au large des îles Caïmans? Une chose était certaine: il n'exerçait plus sa profession d'avocat. Personne n'avait reçu la moindre carte postale de lui depuis qu'il était parti pour cet exil qu'il s'était imposé loin du droit.

Il y a deux mois environ, on frappa à ma porte et je reçus les premières réponses à certaines de mes questions. Je venais de quitter mon dernier client après une journée épuisante, quand Geneviève, ma brillante adjointe, passa la tête dans mon petit bureau élégamment meublé.

«Il y a quelqu'un ici qui désire vous voir, John. Il dit que c'est urgent et qu'il ne partira qu'après vous avoir parlé.

– Je suis sur le point de m'en aller, Geneviève», répliquai-je impatiemment. «Je m'en vais manger quelque chose sur le pouce avant de terminer le dossier Hamilton. Je n'ai pas le temps de voir qui que ce soit maintenant. Dites-lui de prendre rendez-vous comme tout le monde, et appelez la sécurité s'il vous cause des problèmes.

– Mais il dit qu'il a absolument besoin de vous voir. Il ne m'écoute pas quand je lui dis que c'est impossible!»

Durant un instant, je songeai à appeler la sécurité moi-même, mais je me rendis compte qu'il s'agissait peut-être de quelqu'un qui était dans le besoin, et je pris une attitude plus indulgente.

«Bon, faites-le entrer», dis-je en changeant d'avis. «J'ai sans doute besoin d'un nouveau client de toute façon.»

La porte de mon bureau s'ouvrit lentement, jusqu'à ce qu'elle soit grande ouverte, et révéla un homme souriant, dans la trentaine. Il était grand, mince et musclé, et rayonnait de vitalité et d'énergie. Il me rappela un de ces étudiants parfaits avec qui j'allais à la faculté de droit, dont les familles étaient parfaites, qui possédaient des maisons parfaites, des voitures parfaites et des peaux parfaites. Mais mon visiteur avait autre chose en plus de sa jeunesse et de sa beauté. Une sorte de paix profonde lui donnait une présence presque divine. Et ses yeux, des yeux bleus qui me transpercèrent de part en part et me firent penser au tranchant du rasoir sur la chair souple d'un adolescent anxieux.

«Encore un avocat arrogant qui se lance à la poursuite de mon poste», pensai-je. *«Bon Dieu, pourquoi est-ce qu'il reste là sans bouger à me regarder? J'espère que je ne suis pas l'avocat de sa femme dans cette grande affaire de divorce que j'ai gagnée la semaine dernière. Peut-être qu'appeler la sécurité n'était pas une si mauvaise idée après tout.»*

Le jeune homme continuait à me regarder, tout comme le Bouddha souriant aurait regardé un de ses disciples favoris. Après un long moment de silence gênant, il m'adressa la parole sur un ton autoritaire qui me surprit. «C'est comme ça que tu traites tous tes visiteurs, John, même ceux qui t'ont appris tout ce que tu sais sur la façon de remporter des succès au tribunal? J'aurais dû garder mes secrets professionnels pour moi-même», dit-il, tandis que ses lèvres charnues s'étiraient en un large sourire.

Une sensation étrange me chatouilla le creux de l'estomac. Je reconnus immédiatement cette voix rauque aux intonations caressantes. Mon cœur se mit à battre la chamade.

«Julian? C'est toi? Je ne peux pas y croire! C'est vraiment toi?»

Le rire bruyant du visiteur confirma mes soupçons. Le jeune homme qui se tenait devant moi n'était nul autre que ce yogi indien qui avait disparu depuis longtemps: Julian Mantle. Je fus ébloui par son incroyable transformation. Le teint de plomb, la toux maladive et les yeux mornes de mon ancien collègue avaient disparu. L'allure de vieillard et l'expression morbide qui le personnifiaient aussi. Au lieu de cela, l'homme qui se tenait devant moi semblait jouir d'une santé éclatante, et son visage, dénué de la moindre ride, rayonnait. Ses yeux rieurs révélaient son extraordinaire vitalité. Ce qui était peut-être encore plus étonnant, c'était la sérénité qui se dégageait de lui. Je me sentis complètement apaisé rien que d'être assis là à le contempler. Il n'était plus l'associé principal d'un grand cabinet d'avocats, anxieux et agité. À sa place, j'avais devant moi un modèle de transformation: un homme jeune, souriant et débordant de vitalité.

CHAPITRE TROIS

La transformation miraculeuse de Julian Mantle

J'étais stupéfié par cette nouvelle version améliorée de Julian Mantle.

«Comment quelqu'un qui avait l'air d'un vieil homme fatigué il y a à peine quelques années peut avoir l'air aussi rayonnant et vivant?» me dis-je dans un silence incrédule. *«Était-ce quelque drogue magique qui lui avait servi de fontaine de Jouvence? Quelle était la cause de cette extraordinaire transfiguration?»*

Julian fut le premier à prendre la parole. Il me dit que ce milieu hypercompétitif des hommes de loi l'avait complètement vidé, non seulement physiquement et émotivement, mais spirituellement. Le rythme frénétique et incessant l'avait usé et épuisé. Il admit que son corps s'était écroulé et que son esprit avait perdu son acuité. Sa crise cardiaque n'était que le symptôme d'un problème bien plus profond. Des pressions constantes et les exigences exténuantes de la vie d'un avocat plaidant d'envergure internationale avaient aussi détruit sa qualité la plus importante, et peut-être la plus humaine: son esprit. Lorsqu'il reçut l'ultimatum de son médecin: soit abandonner sa profession ou abandonner sa vie, il dit qu'il vit l'occasion inespérée de ranimer la flamme intérieure qu'il avait connue lorsqu'il était plus jeune, une flamme qui s'était éteinte à mesure que le droit devenait de moins en moins un plaisir et de plus en plus une profession.

Julian eut l'air visiblement excité lorsqu'il me raconta comment il avait vendu toutes ses possessions matérielles et s'était rendu en Inde, un pays dont la culture ancienne et les traditions mystiques l'avaient toujours fasciné. Il voyagea de hameau en hameau, parfois à pied, parfois en train, apprenant de nouvelles coutumes, admirant les paysages éternels et apprenant à aimer ce peuple indien qui rayonnait de chaleur, de bonté, et dont la conception de la vraie signification de la vie était rafraîchissante. Même ceux qui étaient les plus dépourvus ouvraient leur logis et leur cœur à ce visiteur harassé qui venait de l'Occident. À mesure que les jours se transformèrent en semaines dans ce monde enchanteur, Julian commença lentement à retrouver sa vitalité, peut-être pour la première fois depuis qu'il avait quitté l'enfance. Il recouvrait lentement sa curiosité naturelle, sa créativité ainsi que son enthousiasme et son appétit de la vie. Il commença à se sentir plus joyeux et paisible. Et il recommença à rire.

Bien que Julian ait vécu pleinement chaque moment qu'il passait dans cette terre exotique, il me dit que son voyage en Inde était bien plus que de simples vacances pour reposer un esprit surmené. Il décrivit son séjour dans ce pays lointain comme une «odyssée personnelle du moi». Il me confia sa détermination à découvrir celui qu'il était vraiment et le sens de sa vie avant qu'il ne soit trop tard. Pour cela, sa première priorité avait été de s'imprégner de la grande sagesse ancienne de cette culture afin d'apprendre à vivre de façon plus valorisante, plus épanouissante et plus édifiante.

«Je ne veux pas avoir l'air d'un illuminé, John, mais c'était comme si j'avais reçu un ordre de l'intérieur, une directive intrinsèque qui me disait que je devais commencer un voyage spirituel afin de ranimer l'étincelle que j'avais perdue», me dit Julian. «Ça a été une époque extraordinairement libératrice pour moi.»

Plus il explorait, plus il entendait parler de moines indiens centenaires, des moines qui, en dépit de leur âge avancé, continuaient à mener une vie pleine de jeunesse, d'énergie et de vitalité. Plus il voyageait, plus il entendait parler de l'éveil spirituel et de yogis sans âge qui avaient maîtrisé l'art de contrôler leur esprit. Et plus il les voyait, plus il avait le désir de comprendre la dynamique qui expliquait ces miracles de la nature humaine, en espérant appliquer leur philosophie à sa propre vie.

Durant les premiers temps de son voyage, Julian partit à la recherche d'un grand nombre de maîtres connus et hautement respectés. Il me dit que chacun d'entre eux l'accueillit à bras et à cœur ouverts, et partagea avec lui toutes les perles de sagesse qu'ils avaient absorbées durant des vies passées dans la contemplation des grandes questions de l'existence. Julian tenta aussi de décrire la beauté des temples anciens qui parsemaient les paysages mystiques de l'Inde, de ces monuments qui semblaient être les gardiens loyaux de la sagesse des âges. Il me dit qu'il fut ému par l'aspect sacré de ces lieux.

«Ce fut une époque tout à fait magique de ma vie, John. J'étais là, un vieil avocat fatigué qui avait vendu toutes ses possessions, depuis son cheval de course jusqu'à sa Rolex, qui avait emporté tout ce qui lui restait dans un grand sac à dos qui serait son compagnon constant, tandis qu'il s'aventurait dans les traditions éternelles de l'Orient.

– Est-ce que ça a été dur de partir?» demandai-je à haute voix, incapable de contenir ma curiosité.

– En réalité, ça a été la chose la plus facile que j'ai jamais faite. La décision d'abandonner ma clientèle et toutes mes possessions matérielles m'a semblé tout à fait naturelle. Albert Camus a dit un jour que «la vraie générosité à l'égard du futur consiste à tout donner à ce qui est présent». Eh bien, c'est exactement ce que je fis. Je savais que je devais changer, j'ai donc décidé d'écouter mon cœur et de le faire d'une façon très spectaculaire. Ma vie est devenue tellement plus simple et significative quand j'ai laissé derrière moi tout l'attirail du passé. Dès que j'ai cessé de passer tout mon temps à poursuivre les grands plaisirs de la vie, j'ai commencé à jouir des petits plaisirs, comme d'observer les étoiles qui dansent au clair de lune ou d'absorber par tous les pores les rayons du soleil d'un merveilleux matin d'été. Et l'Inde est un pays tellement stimulant du point de vue intellectuel que j'ai rarement pensé à tout ce que j'avais laissé derrière moi.»

Bien que ses premières rencontres avec les érudits de cette culture exotique l'intriguèrent, elles ne lui avaient pas apporté les connaissances dont il avait soif. Durant les premiers temps de son odyssée, la sagesse qu'il désirait acquérir et les techniques pratiques qui, espérait-il, changeraient la qualité de sa vie continuèrent à lui échapper. Ce n'est qu'après avoir passé sept mois en Inde que Julian eut sa première vraie révélation.

Il se trouvait alors au Cachemire, vieil État mystique lové paresseusement au pied de l'Himalaya, lorsqu'il eut la bonne fortune de rencontrer un homme appelé Yogi Krishnan. Cet homme grêle à la tête rasée avait aussi été avocat durant sa «précédente incarnation», comme il le disait souvent en souriant de toutes ses dents. Excédé par le rythme frénétique qui caractérise la Nouvelle-Delhi moderne, il avait lui aussi abandonné ses possessions matérielles et s'était retiré dans un monde où régnait une plus grande simplicité. En devenant le gardien du temple du village, Krishnan lui dit qu'il avait appris à se connaître et à découvrir sa place dans le grand ordre des choses.

«J'étais fatigué de vivre ma vie comme un perpétuel exercice d'alerte aérienne. Je me suis rendu compte que ma mission consiste à servir les autres et à contribuer d'une certaine façon à rendre ce monde un peu meilleur. Maintenant je vis pour donner», dit-il à Julian. «Je passe mes jours et mes nuits dans ce temple, ma vie est austère mais elle me comble. Je partage mes découvertes avec tous ceux qui viennent ici prier. Je sers ceux qui sont dans le besoin. Je ne suis pas un prêtre. Je suis simplement un homme qui a trouvé son âme.»

Julian raconta sa propre histoire à l'avocat devenu yogi. Il parla de son ancienne vie brillante faite de privilèges. Il raconta au Yogi Krishnan sa soif de richesses et son obsession du travail. Il lui révéla, avec beaucoup d'émotion, son bouleversement intérieur, la crise spirituelle qu'il avait traversée lorsque sa vie brillante commença à vaciller sous le poids du déséquilibre.

«Moi aussi j'ai parcouru ce chemin, mon ami. Moi aussi j'ai ressenti la même douleur que vous. Pourtant, j'ai appris qu'il y a une raison à tout», lui dit le Yogi Krishnan avec sympathie. «Chaque événement se produit à cause d'une raison et chaque échec apporte sa leçon. Je me suis rendu compte que l'échec, qu'il soit personnel, professionnel ou même spirituel, est essentiel à l'épanouissement personnel. Il apporte la force intérieure et une myriade de récompenses d'ordre psychique. Ne regrettez jamais votre passé. Acceptez-le plutôt comme le maître qu'il est.»

Après avoir entendu ces paroles, Julian me dit qu'il ressentit une grande exultation. Le Yogi Krishnan était peut-être le mentor qu'il cherchait. Qui mieux qu'un ancien avocat imbu de son importance, qui avait trouvé un meilleur mode de vie grâce à son odyssée spirituelle, pourrait lui enseigner les secrets d'une vie plus équilibrée, faite d'enchantement et de joie?

«Krishnan, j'ai besoin de votre aide. J'ai besoin d'apprendre comment mener une vie plus riche, plus pleine.

– Je serai honoré de vous aider de toutes les façons possibles», lui répondit le yogi, «mais puis-je faire une suggestion?

– Bien entendu, depuis que je prends soin de ce temple dans ce petit village, j'ai entendu des rumeurs au sujet d'un groupe de sages mystiques qui vivent très haut dans l'Himalaya. Selon la légende, ils ont découvert une sorte de philosophie qui peut améliorer profondément la qualité de la vie – et je ne veux pas dire simplement du point de vue physique. Cette philosophie est censée être holistique, elle intègre des principes éternels et des méthodes universelles pour libérer le potentiel de l'esprit, du corps et de l'âme.»

Julian fut fasciné. Cela semblait parfait.

«Où vivent exactement ces moines?

– Personne ne le sait, et je regrette d'être trop vieux pour me lancer à leur recherche. Mais je vous dirai une chose, mon ami: bon nombre d'hommes ont essayé de les trouver et ont échoué avec des conséquences tragiques. Les hauteurs de l'Himalaya sont incomparablement traîtresses. Même les grimpeurs les plus habiles sont sans défense contre leurs ravages naturels. Mais si ce que vous cherchez ce sont les clés d'or de la santé éclatante, du bonheur durable et de l'épanouissement intérieur, je n'ai pas la sagesse que vous cherchez, ce sont eux qui l'ont.»

Julian, qui n'avait jamais abandonné facilement, insista encore auprès du Yogi Krishnan. «Êtes-vous certain que vous n'avez aucune idée de l'endroit où ils vivent?

– Tout ce que je peux vous dire, c'est que les habitants de mon village les désignent du nom de Grands Sages de Sivana. Dans leur mythologie, Sivana signifie «oasis de lumière». Ces moines sont révérés comme si leur nature et leur influence étaient divines. Si je savais où on peut les trouver, j'aurais le devoir de vous le dire, mais honnêtement je ne le sais pas, en fait personne ne le sait.»

Le lendemain matin, comme les premiers rayons du soleil indien éclairaient l'horizon coloré, Julian se mit en marche vers le pays perdu de Sivana. Tout d'abord, il songea à engager un guide Sherpa pour l'aider à grimper dans la montagne, mais pour une raison étrange, son instinct lui dit qu'il s'agissait là d'un voyage qu'il devrait faire seul. Donc, pour la première fois de sa vie peut-être, il laissa tomber les entraves de la raison et fit confiance à son intuition. D'une certaine façon, il savait qu'il trouverait ce qu'il cherchait. Donc, animé d'un zèle de missionnaire, il commença à grimper.

Les premières journées furent faciles. Parfois, il rattrapait les habitants pleins d'entrain du village qui arpentaient l'un des sentiers, à la recherche d'un morceau de bois à sculpter ou d'un sanctuaire que cet endroit irréel offrait à tous ceux qui osaient s'aventurer aussi près du ciel. À d'autres moments, il grimpait tout seul, et en profitait pour réfléchir silencieusement à sa vie passée et à celle vers laquelle il se dirigeait.

En peu de temps, le village devint à peine plus grand qu'un point minuscule dans ce splendide paysage. La majesté des cimes coiffées de neige de l'Himalaya lui faisait battre le cœur et, durant un long moment, il en eut le souffle coupé. Il avait le sentiment de faire partie de la montagne, d'avoir avec elle cette sorte d'intimité que ressentent deux amis après avoir passé de nombreuses années à écouter leurs confidences et à rire de leurs plaisanteries. L'air frais de la montagne lui éclaircit les idées et lui donna de l'énergie spirituelle. Après avoir fait plusieurs fois le tour du monde, Julian pensait qu'il avait tout vu. Mais il n'avait jamais contemplé pareille beauté. Les merveilles dont il s'abreuvait durant ces heures magiques étaient un hommage exquis à la symphonie de la nature. Il se sentait tout à la fois joyeux, ragaillardi, et insouciant. C'était ici, très haut au-dessus de l'humanité, que Julian s'avança lentement hors du cocon de tout ce qui est ordinaire et commença à explorer le royaume de l'extraordinaire.

«Je me rappelle encore les mots qui me passaient par l'esprit là-haut», me dit Julian. «Au fond, je pensais que la vie consiste à faire des choix. Notre destinée se déroule selon les choix que nous faisons, et j'étais certain que le choix que j'avais fait était le bon. Je savais que ma vie ne serait jamais plus la même et que quelque chose de merveilleux, peut-être même de miraculeux, était sur le point de m'arriver. C'était un éveil surprenant.»

À mesure que Julian grimpait dans les régions de l'Himalaya où l'air se raréfie, il me dit qu'il commença à ressentir de l'anxiété. «Mais c'était une bonne sorte d'inquiétude, comme celle ressentie le soir d'un premier bal, ou juste avant de commencer à plaider une cause excitante et que les journalistes te poursuivent dans les escaliers du tribunal. Et même si je n'avais pas l'aide d'un guide ou d'une carte, le chemin était tracé et je n'avais qu'à suivre un mince sentier qui me menait vers les hauteurs de la montagne. C'était comme si j'étais muni d'une boussole intérieure qui me poussait tout doucement vers ma destination. Je ne crois pas que j'aurais pu m'arrêter de grimper même si je l'avais voulu.» Julian était tellement excité que ses mots se répandaient hors de lui comme un torrent bouillonne dans la montagne après la pluie.

Durant deux autres journées, tandis qu'il continuait de grimper le long du chemin qui, espérait-il, le mènerait à Sivana, Julian repensa à son ancienne vie. Quoiqu'il se sentait entièrement libéré du stress et de la fatigue qui caractérisaient son ancienne vie, il se demandait s'il pourrait vraiment passer le reste de ses jours sans le défi intellectuel que lui avait offert sa profession depuis qu'il avait quitté la faculté de droit de Harvard. Ensuite, ses pensées s'égarèrent vers son bureau lambrissé de chêne situé dans un gratte-ciel étincelant du centre-ville et la villa d'été idyllique qu'il avait vendue pour une bouchée de pain. Il repensa à ses vieux amis avec qui il fréquentait les grands restaurants. Il pensa aussi à sa chère Ferrari et à la façon dont son cœur se dilatait lorsqu'il appuyait sur l'accélérateur et qu'elle bondissait dans un hurlement féroce.

Comme il s'aventurait de plus en plus profondément dans ce lieu mystique, ses réflexions sur le passé furent rapidement interrompues par l'émerveillement provoqué par le paysage. Quelque chose d'étonnant lui arriva alors qu'il était en train de se pénétrer des dons prodigués par l'intelligence de la nature.

Du coin de l'œil, il vit quelqu'un d'étrangement vêtu d'une longue robe rouge flottante, surmontée d'un capuchon bleu foncé, qui marchait devant lui sur le sentier. Julian fut étonné de voir quelqu'un en cet endroit isolé qu'il n'avait atteint qu'après sept jours de marche dangereuse. Comme il se trouvait très loin de la civilisation et qu'il ne savait pas encore avec certitude s'il atteindrait Sivana, son ultime destination, il héla le voyageur.

L'homme refusa de répondre et accéléra le pas le long du sentier sur lequel ils grimpaient tous les deux, sans même lui accorder un coup d'œil. Puis, le voyageur mystérieux se mit à courir, et sa robe rouge dansait gracieusement derrière lui comme des draps de coton se balancent sur une corde à linge dans le vent d'automne.

«Je vous en prie, ami, j'ai besoin de votre aide pour trouver Sivana», hurla Julian. «Je voyage depuis sept jours avec peu de nourriture et d'eau. Je crois que je me suis perdu!»

L'homme s'arrêta brusquement. Julian s'approcha prudemment, tandis que le voyageur restait remarquablement immobile et silencieux. Sa tête ne bougeait pas, ses mains ne bougeaient pas, et ses pieds non plus. Julian ne pouvait rien voir du visage dissimulé par le capuchon, mais il fut frappé par le contenu du petit panier que le voyageur tenait entre ses mains. À l'intérieur, il y avait un assortiment de fleurs les plus belles et les plus délicates que Julian ait jamais vues. L'homme tenait fermement le panier contre lui à mesure que Julian s'approchait, comme s'il voulait montrer à la fois son amour pour ces précieuses possessions et sa méfiance à l'égard de ce grand Occidental, dont la présence en ces lieux était aussi inhabituelle que la rosée dans le désert.

Julian fixait le voyageur avec une intense curiosité. Un brusque rayon de soleil révéla que le large capuchon abritait le visage d'un homme. Mais Julian n'avait jamais vu un tel homme. Il avait à peu près le même âge que lui, mais ses traits étaient tellement frappants que Julian en resta fasciné et fut contraint de s'arrêter et de le contempler durant un moment qui lui sembla une éternité. Il avait le regard si pénétrant d'un félin que Julian fut obligé de détourner les yeux. Sa peau olivâtre était souple et lisse. Son corps semblait fort et robuste. Ses mains trahissaient son âge, mais il rayonnait d'une telle jeunesse et d'une telle vitalité que Julian en fut hypnotisé, tel un enfant qui, pour la première fois, observe les tours de magie d'un magicien.

Ça doit être un des Grands Sages de Sivana, se dit Julian, en contenant à grand-peine la joie que lui causait sa découverte.

«Je suis Julian Mantle. Je suis venu pour être le disciple des Sages de Sivana. Savez-vous où je pourrais les trouver?» demanda-t-il.

L'homme regarda pensivement ce visiteur fatigué venu de l'Occident. Il se dégageait de lui une telle sérénité et une telle paix qu'il semblait avoir une nature angélique, inspirée par le ciel.

L'homme parla très doucement, presque en murmurant: «Pourquoi cherchez-vous ces sages, ami?»

Sentant qu'il avait en effet trouvé l'un des moines mystiques que tant de voyageurs avant lui n'avaient pu découvrir, Julian ouvrit son cœur et raconta son odyssée au voyageur. Il parla de son ancienne vie et de la crise spirituelle avec laquelle il avait été aux prises, de la façon dont il avait échangé sa santé et son énergie pour des récompenses éphémères que lui apportait sa profession d'avocat. Il parla de la façon dont il avait troqué les richesses de son âme pour un compte en banque considérable et les satisfactions illusoires que lui apportait un mode de vie qui consistait à «brûler la chandelle par les deux bouts et mourir jeune». Et il lui raconta ses voyages dans l'Inde mystique et sa rencontre avec Yogi Krishnan, l'ancien avocat plaidant de la Nouvelle-Delhi qui avait, lui aussi, abandonné sa vie professionnelle dans l'espoir de trouver l'harmonie intérieure et une paix durable.

Le voyageur demeura silencieux et immobile. Il ne reprit la parole que lorsque Julian lui parla de son désir brûlant, presque obsessif, d'acquérir les anciens principes d'un mode de vie spirituellement élevé. L'homme plaça un bras sur l'épaule de Julian et dit avec douceur: «Si vous avez le désir sincère d'apprendre la sagesse d'un meilleur mode de vie, alors il est de mon devoir de vous aider. Je suis en effet l'un de ces sages que vous êtes venu chercher de si loin. Vous êtes le premier à nous trouver depuis un bon nombre d'années. Félicitations! J'admire votre ténacité. Vous avez dû être un avocat tout à fait remarquable.»

Il se tut, comme s'il n'était pas tout à fait sûr de ce qu'il devait faire ensuite. Puis il enchaîna: «Si vous voulez, vous pouvez venir avec moi; vous serez mon invité dans notre temple. Il se trouve dans un lieu caché de cette région montagneuse, à un grand nombre d'heures d'ici. Mes frères et mes sœurs vous accueilleront à bras ouverts. Nous travaillerons ensemble pour vous enseigner les principes et les stratégies d'antan que nos ancêtres nous ont transmis à travers les âges.

«Avant de vous introduire dans notre monde privé et de partager nos connaissances collectives afin de remplir votre vie de plus de joie, de force et de détermination, je dois exiger que vous me fassiez une promesse», dit le sage. «Quand vous aurez appris les vérités éternelles, vous devrez retourner dans votre pays natal en Occident et partager cette sagesse avec tous ceux qui sont prêts à vous écouter. Même si nous sommes isolés ici dans ces montagnes magiques, nous savons ce qui se passe dans ce monde turbulent qui est le vôtre. Les hommes bons sont désorientés. Vous devez leur donner l'espoir qu'ils méritent. Et surtout, vous devez leur fournir les outils qui leur permettront de réaliser leurs rêves. C'est tout ce que je vous demande.»

Julian accepta instantanément les conditions du sage et lui promit qu'il porterait le précieux message en Occident. Tandis que les deux hommes continuaient à grimper sur le sentier montagneux vers le village perdu de Sivana, le soleil commença à se coucher, tel un cercle rouge flamboyant glissant dans un doux sommeil magique, après une longue journée épuisante. Julian me dit qu'il n'a jamais oublié la majesté de ce moment, lorsqu'il marchait avec un moine indien sans âge, pour lequel il ressentait une sorte d'amour fraternel, tout en voyageant vers un lieu qu'il avait tant désiré trouver, avec toutes ses merveilles et ses nombreux mystères.

«Cela a été incontestablement le moment le plus mémorable de ma vie», me confia-t-il. Julian avait toujours cru que la vie se résumait à quelques moments clés. Il était en train de vivre l'un d'eux. Tout au fond de son âme, il sentait obscurément que ce moment était le premier du reste de sa vie, une vie qui était sur le point de devenir infiniment plus riche qu'elle ne l'avait jamais été.

CHAPITRE QUATRE

Une rencontre magique
avec les Sages de Sivana

Après avoir marché durant plusieurs heures le long d'un lacis compliqué de sentiers et de pistes herbeuses, les deux voyageurs arrivèrent dans une vallée verte et luxuriante. D'un côté de la vallée, les sommets coiffés de neige de l'Himalaya offraient leur protection, tout comme des sentinelles aguerries gardent le camp où se reposent leurs généraux. De l'autre côté, une épaisse forêt plantée de pins était le couronnement parfaitement naturel de ce paysage enchanteur.

Le sage regarda Julian et lui sourit doucement: «Bienvenue au Nirvana de Sivana.»

Ensuite, les deux hommes descendirent le long d'un chemin qui semblait rarement utilisé et traversèrent l'épaisse forêt qui tapissait le fond de la vallée. L'air frais et vif de la montagne répandait un parfum de pin et de santal. Julian, qui allait maintenant pieds nus pour reposer ses pieds endoloris, enfonçait ses orteils dans la mousse humide. Il fut surpris de voir des orchidées richement colorées et une myriade d'autres fleurs ravissantes se balancer parmi les arbres, comme si elles se réjouissaient de la beauté et de la splendeur de ce petit paradis.

Dans le lointain, Julian pouvait entendre des voix douces et apaisantes à l'oreille. Il continua à suivre silencieusement le sage. Après avoir marché durant quinze minutes encore, les deux hommes arrivèrent à une clairière. Même Julian Mantle, en homme que peu de choses surprenaient en ce monde, n'avait jamais imaginé un tel spectacle. Un petit village qui semblait être uniquement fait de roses. Au centre du village se trouvait un minuscule temple. Le genre de temple que Julian avait vu lors de ses voyages en Thaïlande et au Népal, mais ce temple était fait de fleurs rouges, blanches et roses, maintenues ensemble par des liens multicolores et des branchettes. Les petites huttes qui parsemaient le reste du village semblaient être les abris austères des sages. Elles étaient également faites de roses. Julian en était sans voix.

Quant aux moines qui habitaient le village, ceux qu'ils pouvaient voir ressemblaient au compagnon de voyage de Julian, qui lui révéla maintenant que son nom était Yogi Raman. Il expliqua qu'il était le plus âgé des Sages de Sivana et le chef de ce groupe. Les citoyens de cette colonie de rêve avaient l'air étonnamment jeunes et se déplaçaient avec grâce et détermination. Aucun d'entre eux ne parlait. Ils respectaient la tranquillité des lieux en accomplissant leurs tâches en silence.

Il semblait y avoir environ dix hommes, qui portaient la même robe rouge que Yogi Raman, et souriaient sereinement lorsque Julian pénétra dans leur village. Chacun d'eux avait l'air calme, en bonne santé et profondément satisfait. On aurait dit que les tensions dont sont victimes un si grand nombre d'entre nous dans ce monde moderne, sentant qu'elles ne seraient pas les bienvenues dans ce lieu de sérénité, s'étaient dirigées vers des lieux plus accueillants. Quoique ces hommes n'avaient pas vu de nouveaux visages depuis un grand nombre d'années, ils l'accueillirent avec calme et se contentèrent de s'incliner simplement pour saluer ce visiteur qui était venu de si loin pour les trouver.

Les femmes étaient également impressionnantes. Vêtues de leurs longs saris de soie rose, leurs cheveux d'un noir de jais ornés de fleurs de lotus blanc, elles s'affairaient dans le village avec une agilité exceptionnelle. Cependant, ce n'était pas l'activité frénétique qui règne dans notre société. Au contraire, elles accomplissaient leurs tâches avec facilité et grâce. Avec une concentration très zen, certaines d'entre elles travaillaient à l'intérieur du temple, préparant ce qui semblait être une fête. D'autres encore transportaient du bois et des tapisseries richement brodées. Elles étaient toutes occupées à des activités productives. Elles semblaient parfaitement heureuses.

Finalement, les visages des Sages de Sivana révélèrent le pouvoir de leur mode de vie. Bien que l'on voyait qu'ils étaient tous des hommes d'un certain âge, chacun d'entre eux rayonnait d'une candeur enfantine, et la vitalité de la jeunesse brillait dans leurs yeux. Aucun d'entre eux n'avait de rides. Aucun d'entre eux n'avait de cheveux gris. Aucun d'entre eux n'avait l'air vieux.

Julian, qui pouvait à peine croire ce qu'il vivait, se vit offrir un festin de fruits frais et de légumes exotiques. Il apprit plus tard qu'il s'agissait là de nourritures qui étaient l'une des clés de la santé idéale dont jouissait les sages. Après le repas, Yogi Raman escorta Julian jusqu'à son logis: une hutte remplie de fleurs contenant un petit lit sur lequel était posé un bloc-notes aux pages vierges. Ce serait désormais sa demeure.

Même si Julian n'avait jamais rien connu de similaire au monde magique de Sivana, il se sentait en quelque sorte arrivé chez lui, comme un retour vers un paradis qu'il aurait connu il y a très longtemps. D'une certaine façon, ce village de roses ne lui était pas étranger. Son intuition lui disait qu'il appartenait à cet endroit, même si ce n'était que pour un court séjour. Ce serait l'endroit où il retrouverait la joie de vivre qu'il avait connue avant que son métier d'avocat ne lui vole son âme, un sanctuaire dans lequel son esprit malade commencerait lentement à guérir. Ainsi commença la vie de Julian parmi les Sages de Sivana, une vie faite de simplicité, de sérénité et d'harmonie. Il allait bientôt connaître des jours meilleurs.

CHAPITRE CINQ

Un disciple spirituel des Sages

*«Ceux qui font de grands rêves ne les réalisent jamais,
ils les transcendent toujours.»*

Alfred Lord Whitehead

Il était maintenant 20 heures et je devais encore préparer mon plaidoyer pour le lendemain. Pourtant, j'étais fasciné par l'expérience de cet ancien guerrier du Barreau qui avait transformé radicalement sa vie après avoir rencontré ces merveilleux sages de l'Inde et avoir étudié leurs préceptes. *«Quelle histoire étonnante»*, me dis-je, *«et quelle transformation extraordinaire!»* Je me demandai si les secrets que Julian avait appris dans ce village caché dans la montagne pouvaient également enrichir la qualité de ma vie et me faire retrouver mon émerveillement devant le monde dans lequel nous vivons. Plus j'écoutais Julian, plus je me rendais compte que mon propre esprit s'était rouillé. Qu'était-il arrivé à cette passion peu commune qui caractérisait tout ce que je faisais lorsque j'étais plus jeune? À cette époque-là, même les choses les plus simples me remplissaient de joie. Il était peut-être temps de réinventer mon destin.

Sentant que j'étais fasciné par son odyssée et impatient d'apprendre les principes que lui avaient transmis les sages,

Julian accéléra le rythme de son récit. Il me raconta comment sa soif de connaissances, alliée à la finesse de son esprit, aiguisé par un grand nombre d'années de batailles juridiques, avaient fait de lui un habitant apprécié du village. En fin de compte, pour marquer leur affection à l'égard de Julian, les moines le traitèrent comme un membre à part entière de leur grande famille.

Impatient de comprendre le travail de l'esprit, du corps et de l'âme, et d'en maîtriser les principes, Julian passait littéralement chaque moment de la journée sous l'égide de Yogi Raman. Le sage devint plutôt un père pour Julian qu'un maître, bien qu'il n'y eut que quelques années de différence entre eux. Il était clair que cet homme avait accumulé la sagesse de plusieurs vies et, fort heureusement, qu'il était prêt à la partager avec Julian.

Bien avant l'aube, Yogi Raman s'asseyait avec son fervent disciple et lui parlait de sa perception intuitive de la signification de la vie et de méthodes inconnues qu'il avait maîtrisées pour vivre avec plus de vitalité, de créativité et d'épanouissement. Il enseigna à Julian d'anciens principes que, disait-il, tout le monde pouvait utiliser pour vivre plus longtemps, tout en restant jeune et en vivant beaucoup plus heureux. Julian apprit aussi comment la maîtrise de soi-même et la discipline personnelle l'empêcheraient de retourner au chaos qui avait caractérisé sa vie en Occident. À mesure que les semaines et les mois s'écoulaient, il commença à comprendre quel trésor potentiel dormait dans son propre esprit, attendant d'être éveillé et utilisé à des fins plus élevées. Parfois, le maître et son disciple restaient simplement assis et regardaient le soleil indien flamboyer et s'élever au-dessus des prairies vert foncé qui s'étendaient très bas au-dessous d'eux. Parfois, ils se reposaient en méditant calmement, afin de savourer les joies qu'apporte le silence. Parfois, ils se promenaient à travers la forêt de pins, tout en discutant de questions philosophiques et en appréciant le plaisir que leur apportait la présence de l'autre.

Julian me raconta que trois semaines seulement après son arrivée à Sivana, il constatait les premiers signes de son développement personnel. Il commença à remarquer que les choses les plus ordinaires étaient belles. Qu'il s'agisse de son émerveillement devant une nuit étoilée ou de son enchantement devant une toile d'araignée après la pluie, Julian appréciait tout. Il me dit également que sa nouvelle vie et les nouvelles habitudes qu'il avait acquises commençaient à avoir un effet profond sur son monde intérieur. Après avoir mis en pratique les principes et les méthodes des sages pendant un mois, il me dit qu'il avait commencé à éprouver un sentiment de paix profonde et de sérénité intérieure qui lui avait échappé durant toutes les années où il avait vécu en Occident. Il devint plus joyeux et plus spontané, et chaque jour le trouvait plus énergique et plus créatif.

Les changements d'attitude de Julian lui donnèrent de la vitalité physique et de la force spirituelle. Son corps, jadis obèse, devint fort et mince tandis que la pâleur maladive de son visage fut remplacée par un teint resplendissant de santé. Il sentait réellement qu'il pourrait faire n'importe quoi, être n'importe quoi et libérer le potentiel infini qui, lui avait-on appris, résidait en chacun de nous. Il commença à chérir la vie et à percevoir l'élément divin dans chacun de ses aspects. Les anciens principes de ce groupe de moines mystiques avaient commencé à faire des miracles.

Après avoir gardé le silence comme pour exprimer sa propre incrédulité devant son récit, Julian prit un ton philosophique. «Je me suis rendu compte de quelque chose de très important, John. Le monde, et cela inclut mon monde intérieur, est un endroit très spécial. J'ai aussi appris à voir que le succès extérieur ne signifie rien à moins d'avoir le succès intérieur. Il y a une immense différence entre le bien-être et la richesse. Quand j'étais un avocat arrogant, tous ces gens qui essayaient d'améliorer leur vie intérieure et leur vie extérieure me faisaient ricaner. «*Mettez-vous à la page!*», pensais-je. *Et j'ai appris que la maîtrise de soi et le soin régulier de son esprit, de son corps et de son âme sont essentiels pour maximiser son potentiel et vivre la vie de ses rêves. Comment peut-on s'occuper des autres si on ne peut même pas s'occuper de soi-même?* Comment peut-on faire le bien si l'on ne se sent pas bien? Je ne peux pas aimer les autres si je ne m'aime pas moi-même», me dit-il.

Soudain, Julian eut l'air troublé et légèrement mal à l'aise. «Je n'ai jamais ouvert mon cœur à personne de cette façon. Je m'en excuse, John. C'est seulement que j'ai vécu une telle catharsis là-haut dans ces montagnes, un tel éveil spirituel devant les pouvoirs de l'univers, que je crois que les autres ont besoin de savoir ce que je sais.»

Remarquant qu'il commençait à se faire tard, Julian me dit qu'il allait partir et me fit rapidement ses adieux.

«Tu ne peux pas partir maintenant, Julian. Je suis vraiment extrêmement impatient d'entendre les principes de sagesse que tu as appris dans l'Himalaya et le message que tu as promis de ramener en Occident. Tu ne peux pas me laisser dans cet état, tu sais que je ne peux pas le tolérer.

– Sois tranquille, mon ami, je reviendrai. Tu me connais, une fois que je commence à raconter une bonne histoire, je ne peux plus m'arrêter. Mais tu as ton travail à faire, et j'ai quelques questions d'ordre privé dont je dois m'occuper.

– Dis-moi une seule chose alors. Est-ce que les méthodes que tu as apprises à Sivana pourront m'aider?

– Quand le disciple est prêt, le maître apparaît», répondit-il rapidement. «Toi, comme un grand nombre d'autres personnes dans notre société, vous êtes prêts pour la sagesse que j'ai maintenant le privilège de détenir. Chacun d'entre nous devrait connaître la philosophie des sages. Chacun d'entre nous peut en profiter. Chacun d'entre nous doit connaître la perfection qui est notre état naturel. Je te promets de partager les connaissances des sages avec toi. Sois patient. Je te verrai de nouveau demain soir, à la même heure, chez toi. Ensuite, je te dirai tout ce que tu as besoin de savoir pour enrichir la qualité de ta vie. Est-ce que cela te convient?»

Je répondis, déçu: «Ouais, je suppose qu'ayant vécu toutes ces années sans ces connaissances, ça ne me tuera pas d'attendre encore vingt-quatre heures.»

Et sur ces paroles, le maître du Barreau devenu yogi éclairé de l'Orient, disparut, me laissant l'esprit plein de questions sans réponses et de pensées inachevées.

Assis calmement dans mon bureau, je me rendis compte à quel point notre monde était réellement petit. Je pensai à tout le savoir dont je n'avais pas encore effleuré la surface. Je me disais combien il serait agréable de retrouver ma joie de vivre, et la curiosité que j'éprouvais lorsque j'étais plus jeune. J'aimerais beaucoup me sentir plein de vitalité et attaquer mes journées avec une énergie illimitée. Je quitterais peut-être la profession d'avocat à mon tour. Peut-être qu'une vocation plus élevée m'attendait aussi. Avec toutes ces pensées d'une grande portée spirituelle, j'éteignis les lumières, je fermai à clé la porte de mon bureau, et je sortis dans la lourde chaleur de la nuit d'été.

CHAPITRE SIX

La sagesse
de la transformation personnelle

« *Je pratique l'art de vivre: ma vie est mon œuvre d'art.* »
Suzuki

Fidèle à sa parole, Julian se présenta chez moi le lende-main soir. Vers 19 h 15 environ, on frappa quatre coups rapi-des à la porte d'entrée de ma maison, de style Cape Cod, agrémentée de hideux volets roses qui, selon ma femme, la rendait digne de figurer dans l'*Architectural Digest*. Julian lui-même avait une apparence radicalement opposée à celle du jour précédent. Il était toujours l'image même de la santé rayonnante et il émanait de lui un calme merveilleux. C'était plutôt son accoutrement qui me mettait légèrement mal à l'aise.

Son corps souple était enveloppé d'une longue robe rouge surmontée d'un capuchon bleu surchargé de broderies. Et en dépit de la chaleur humide de cette nuit de juillet, il avait rabattu le capuchon sur sa tête.

«Salut mon ami», dit Julian avec enthousiasme.

– Salut.

– N'aie pas l'air si alarmé, tu t'attendais à me voir vêtu d'un costume signé Armani?»

Nous commençâmes par rire tout doucement, tous les deux, mais bientôt nous pouffions puis nous éclations de rire. Julian n'avait certainement pas perdu son sens de l'humour acéré qui m'avait tellement amusé jadis.

Tandis que nous nous détendions dans ma salle de séjour encombrée, mais confortable, je ne pus m'empêcher de remarquer le chapelet de grains de bois sculpté qu'il portait autour du cou.

«Qu'est-ce que c'est? Il est très beau.

– Je t'en parlerai plus tard», dit-il en faisant glisser les grains entre son pouce et son index. «Nous avons beaucoup de choses à nous dire ce soir.

– Commençons. J'ai à peine pu travailler aujourd'hui tellement j'étais surexcité par notre rendez-vous.»

À ces mots, Julian commença immédiatement à me révéler des détails sur sa transformation personnelle et la facilité avec laquelle il l'avait effectuée. Il me parla des anciennes méthodes qu'il avait apprises pour maîtriser l'esprit et cesser de s'inquiéter, habitude qui consume un si grand nombre d'entre nous dans notre société compliquée. Il me parla de la sagesse de Yogi Raman et des autres moines, sagesse qui leur permettait de vivre une vie plus gratifiante et plus réfléchie. Et il parla de toutes sortes de moyens pour faire jaillir la source de jeunesse et d'énergie qui, disait-il, sommeille en chacun de nous.

En dépit de la conviction évidente avec laquelle il parlait, je commençai à devenir sceptique. Étais-je victime d'une sorte de canular? Après tout, cet avocat, formé à Harvard, avait été connu parmi ses associés pour son goût pour les farces et attrapes. En outre, son histoire n'était rien moins que fantastique. En deux mots: l'un des avocats plaidants les plus connus du pays jette l'éponge, vend tous ses biens matériels et traverse l'Inde à pied où il entreprend une odyssée spirituelle, dont il revient sous les traits d'un sage prophète de l'Himalaya. Tout cela ne pouvait pas être vrai.

«Allez, Julian. Cesse de te moquer de moi. Toute cette histoire commence à ressembler à l'un de tes gags. Je suis sûr que tu as loué cette robe chez le costumier en face de mon bureau», lui dis-je avec ma grimace la plus réussie.

Julian répondit immédiatement, comme s'il s'attendait à mon incrédulité. «Lorsque tu es devant la Cour, comment fais-tu la preuve de tes arguments?

– J'offre des preuves convaincantes.

– Bien. Regarde les preuves que je t'ai données. Regarde mon visage lisse, sans rides. Regarde mon corps. Ne sens-tu pas l'abondance d'énergie qui est en moi? Regarde comme je suis paisible. Tu peux sûrement voir que j'ai changé!»

Il n'avait pas tort. C'était un homme qui, il y a quelques années seulement, avait l'air d'avoir plusieurs dizaines d'années de plus.

«Tu n'es pas allé voir un chirurgien plasticien, au moins?

– Non», dit-il en souriant. «Ils ne s'occupent que de l'extérieur. Moi, j'avais besoin d'être guéri de l'intérieur. Mon mode de vie déséquilibré et chaotique m'avait causé beaucoup de détresse. J'ai souffert de bien autre chose que d'une crise cardiaque. Je souffrais d'une rupture au plus profond de moi-même.

– Et ton histoire, elle est tellement... mystérieuse et inusitée.»

Devant mon insistance, Julian demeura calme et patient. Son regard s'arrêta sur la théière que j'avais laissée sur la table près de lui, et il commença à verser du thé dans ma tasse. Il versa jusqu'à ce que la tasse soit pleine, mais il continua à verser! Le thé commença à dégouliner de chaque côté de la tasse dans la soucoupe; puis sur le tapis persan chéri de ma femme.

Au début, je le regardai faire en silence. Bientôt, je ne pus en supporter davantage.

«Julian, que fais-tu? Ma tasse déborde. Quoi que tu fasses, il n'en rentrera pas davantage!», m'écriai-je impatiemment.

Il me regarda durant un long moment. «S'il te plaît, ne prends pas cela mal. Je te respecte vraiment, John. Je l'ai toujours fait. Cependant, tout comme cette tasse, tu as l'air plein de tes propres idées. Et comment peut-on t'en faire accepter d'autres... *tant que tu n'as pas d'abord vidé ta tasse?*»

Je fus frappé par la vérité de ses paroles. Il avait raison. Mes nombreuses années dans le monde conservateur des avocats, passées à faire les mêmes choses tous les jours avec les mêmes personnes qui pensaient les mêmes choses que moi, jour après jour, avaient rempli ma tasse jusqu'à ras bord. Ma femme Jenny me disait toujours que nous devrions nous faire de nouveaux amis et explorer de nouvelles sortes de distractions. «J'aimerais que tu sois un petit peu plus aventureux, John», disait-elle.

Je ne pouvais me souvenir de la dernière fois où j'avais lu un livre qui ne traitait pas de questions juridiques. Ma profession était ma vie tout entière. Je commençai à me rendre compte que le monde stérile auquel je m'étais accoutumé avait émoussé ma créativité et limité ma vision.

«D'accord. J'admets ce que tu dis. Peut-être que toutes les années où j'ai été avocat plaidant ont fait de moi un sceptique endurci. À l'instant où je t'ai vu dans mon bureau hier, quelque chose au fond de moi m'a dit que ta transformation était authentique, et qu'il y a en elle une sorte de leçon pour moi. Je voulais peut-être au fond simplement ne pas y croire.

– John, ce soir est le premier soir de ta nouvelle vie. Je te demande simplement de penser profondément à la sagesse et aux stratégies dont je vais te parler et à les mettre en application avec conviction durant un mois. Accepte ces méthodes en faisant profondément confiance à leur efficacité. Il y a une raison pour laquelle elles ont survécu durant des milliers d'années: elles donnent des résultats.

– Un mois me semble très long.

– Six cent soixante-douze heures de travail intérieur pour améliorer profondément chaque moment du reste de ta vie, c'est une affaire, tu ne crois pas? Investir en toi-même, c'est le meilleur investissement possible. Cela améliorera non seulement ta vie, mais celle de tous ceux qui t'entourent.

– Comment cela?

– Ce n'est qu'après avoir maîtrisé l'art de t'aimer toi-même que tu pourras sincèrement aimer les autres. Quand tu auras ouvert ton propre cœur, alors seulement tu pourras toucher le cœur des autres. Quand tu seras totalement concentré et plein de vie, tu seras en bien meilleure posture pour être un homme meilleur.

– À quoi puis-je m'attendre durant ces six cent soixante-douze heures qui constituent un mois?» lui demandai-je d'un ton sérieux.

– Tu feras l'expérience de transformations dans ton esprit, ton corps et ton âme qui vont t'étonner. Tu auras plus d'énergie, d'enthousiasme et d'harmonie intérieure que tu n'en as jamais eus. Les gens vont commencer à te dire que tu as l'air plus jeune et plus heureux. Tu retrouveras un bien-être et un équilibre durables. Ce ne sont que quelques-uns des avantages du mode de vie des Sages de Sivana.

– Eh bien!

– Tout ce que tu vas entendre ce soir est conçu pour améliorer ta vie, non seulement personnellement et professionnellement, mais spirituellement aussi. Le conseil des sages est tout aussi valable qu'il l'a été il y a cinq mille ans. Il enrichira non seulement ta vie intérieure, mais il embellira ton monde extérieur et te rendra infiniment plus efficace dans tout ce que tu fais. Cette sagesse est réellement la force la plus puissante que j'ai jamais connue. Elle est simple, pratique, et a été mise à l'épreuve dans le laboratoire de la vie durant des siècles. Et surtout, elle est à la portée de n'importe qui. Mais avant de partager ces connaissances avec toi, il faut que tu me fasses une promesse.»

Je savais qu'il y aurait des conditions. Ma chère mère me disait toujours: «Rien n'est gratuit en ce monde.»

«Lorsque tu auras observé la puissance des stratégies et des habiletés que les Sages de Sivana m'ont fait connaître et les changements spectaculaires qu'ils produiront dans ta vie, tu dois t'engager à transmettre cette sagesse aux autres afin qu'ils en profitent. C'est tout ce que je te demande. En acceptant cela, tu m'aideras à m'acquitter du pacte que j'ai conclu avec Yogi Raman.»

J'acceptai sans aucune réserve. Julian commença à m'enseigner les principes qu'il considérait comme sacrés. Même si les méthodes que Julian avait maîtrisées pendant son séjour étaient variées, il y avait, au cœur de la pensée Sivanan, sept vertus de base, sept principes fondamentaux qui renferment les clés de la discipline personnelle, de la responsabilité et de l'édification spirituelle.

Julian me dit que Yogi Raman fut le premier à lui parler des sept vertus lorsqu'il eut passé quelques mois à Sivana. Par une nuit sans nuages, quand tous les autres s'étaient profondément endormis, Raman frappa tout doucement à la porte de la hutte de Julian. Il lui parla avec la douce voix d'un guide: «Je t'ai observé attentivement depuis plusieurs jours, Julian. Je suis convaincu que tu es un homme honnête qui désire profondément remplir sa vie de tout ce qui est bon. Depuis que tu es arrivé, tu as ouvert ton esprit à nos traditions et tu les as faites tiennes. Tu as adopté un certain nombre de nos habitudes quotidiennes, et tu as vu quels en sont les effets salutaires. Tu as été respectueux de nos coutumes. Notre peuple a mené cette vie simple et paisible durant des siècles et nos méthodes ne sont connues que de quelques personnes. Le monde doit entendre parler de notre philosophie qui mène à une vie édifiante.

«Ce soir, à la veille de ton troisième mois à Sivana, je vais commencer à te confier les aspects les plus secrets de notre philosophie, non seulement afin que tu en profites, mais pour que tu en fasses profiter tous ceux qui vivent dans la partie du monde dont tu viens. Je vais t'enseigner tous les jours comme j'ai enseigné à mon fils lorsqu'il était petit. Le malheur a voulu qu'il meure il y a quelques années. Le moment de mourir était venu pour lui et je ne remets pas en question son départ. J'ai apprécié chaque instant que nous avons passé ensemble et j'en chéris le souvenir. Je te perçois maintenant comme mon fils et je suis reconnaissant, car tout ce que j'ai appris durant un grand nombre d'années de contemplation silencieuse continuera à vivre en toi.»

Je regardai Julian et je remarquai qu'il avait maintenant les yeux fermés, comme s'il se transportait de nouveau dans ce pays féerique qui l'avait comblé de connaissances.

«Yogi Raman m'a dit que les sept vertus permettant de mener une vie débordante de paix intérieure, de joie et de richesse spirituelle étaient contenues dans une fable mystique. Cette fable était à la source de tout. Il me demanda de fermer les yeux comme je le fais maintenant, ici, assis sur le sol de ta salle de séjour. Ensuite, il m'a dit d'imaginer la scène suivante:

Tu es assis au milieu d'un jardin magnifique, vert et luxuriant. Ce jardin est rempli des fleurs les plus superbes que tu aies jamais vues. Tout est suprêmement tranquille et silencieux alentour. Savoure les délices sensuelles de ce jardin et imagine que tu disposes de tout le temps possible pour apprécier cette oasis naturelle. Tandis que tu regardes autour de toi, tu t'aperçois qu'au centre de ce jardin magique se dresse un phare rouge haut de six étages. Soudain, le silence du jar-din est déchiré par un craquement bruyant, tandis que la porte à la base du phare s'ouvre. Un gigantesque Japonais de quatre cent cin-quante kilos qui pratique le sumo en sort en titubant et s'en va errer jusqu'au centre du jardin.

«Ça va encore s'améliorer», dit Julian avec un petit rire étouffé. «Le lutteur japonais est nu! Enfin, en réalité il n'est pas tout à fait nu. Un câble électrique rose dissimule son sexe.»

Pendant que l'adepte du sumo se promène dans le jardin, il y trouve un magnifique chronomètre en or oublié par quelqu'un voilà de nom-breuses années. Il le met à son poignet et s'écroule avec un bruit effrayant. Le lutteur japonais est complètement inconscient et de-meure inerte et silencieux sur le sol. Au moment où l'on pense qu'il vient de rendre son dernier soupir, il se réveille, stimulé peut-être par le parfum des roses jaunes qui fleurissent non loin de là. Revitalisé, le lutteur se dresse rapidement et regarde intuitivement à sa gauche. Il est surpris par ce qu'il voit. À travers les buissons qui ornent le bord du jardin, il peut voir un long sentier sinueux recouvert de millions de diamants étincelants. Quelque chose semble lui dire de s'engager dans ce sentier et, fort heureusement, il le fait. Ce sentier débouche sur le chemin de la joie et de la béatitude éternelles.

Après avoir écouté cet étrange conte, assis sur les hau-teurs de l'Himalaya près d'un moine qui avait vu de ses yeux la lumière de l'édification, Julian me dit qu'il fut déçu. Il s'attendait tout simplement à entendre quelque chose de ré-volutionnaire, d'acquérir des connaissances qui le pousse-raient à agir, même à l'émouvoir jusqu'aux larmes. Au lieu de cela, tout ce qu'il avait entendu était une histoire idiote au sujet d'un lutteur japonais et d'un phare.

Yogi Raman perçut sa déception. «Ne sous-estime jamais le pouvoir de la simplicité», dit-il à Julian.

«Cette histoire n'est peut-être pas le discours sophistiqué auquel tu t'attendais», dit le sage, «mais son message contient tout un monde de bon sens et son but n'est que pureté. Depuis le jour où tu es arrivé, j'ai réfléchi mûrement et longuement à la façon dont je partagerais nos connaissances avec toi. Au début, j'ai pensé à te donner une série de conférences durant plusieurs mois, puis je me suis rendu compte que cette approche traditionnelle n'était pas adaptée à la nature magique de la sagesse que tu es sur le point de recevoir. Ensuite, j'ai pensé à demander à tous mes frères et sœurs de passer un peu de temps avec toi tous les jours à t'enseigner notre philosophie. Cependant, cela aussi n'était pas la façon la plus efficace pour te faire apprendre ce que nous avons à te dire. Après mûre réflexion, je suis finalement arrivé à décider que la façon la plus créative et la plus efficace de partager avec toi la totalité de la philosophie de Sivana avec ses sept vertus serait... cette fable mystique.»

Le sage ajouta: «Au début, elle peut sembler frivole et peut-être même enfantine. Mais je t'assure que chaque élément de la fable contient un principe éternel dont la signification est très profonde et qui permet de mener une vie rayonnante. Le jardin, le phare, le lutteur japonais, le câble électrique rose, le chronomètre, les roses et le sentier sinueux recouvert de diamants sont les symboles des sept vertus éternelles d'une vie édifiante. Je peux aussi t'assurer que si tu te rappelles cette petite histoire et les vérités fondamentales qu'elle représente, tu porteras en toi tout ce dont tu as besoin pour élever ta vie au plus haut niveau. Tu connaîtras tous les principes et toutes les stratégies qui te permettront d'influer profondément sur la qualité de ta vie et sur la qualité de la vie de tous ceux que tu rencontreras. Quand tu mettras en application cette sagesse de façon quotidienne, tu te transformeras, mentalement, émotivement, physiquement et spirituellement. Je te prie d'inscrire cette histoire profondément dans ton esprit et de la transporter dans ton cœur. Elle ne fera une différence spectaculaire que si tu l'acceptes sans réserve.

«Heureusement, John», dit Julian, «je l'ai acceptée. Carl Jung a dit un jour: "Votre vision ne devient claire que quand vous pouvez regarder dans votre cœur. Celui qui regarde à l'extérieur, rêve; celui qui regarde à l'intérieur, s'éveille." Durant cette nuit très spéciale, j'ai regardé tout au fond de mon cœur et je me suis éveillé aux secrets des âges pour enrichir l'esprit, cultiver le corps et nourrir l'âme. Maintenant, c'est à mon tour de partager tout cela avec toi.»

CHAPITRE SEPT

Un jardin tout à fait extraordinaire

> «*La plupart des gens vivent, que ce soit physiquement, intellectuellement ou moralement, très en dessous de leurs capacités. Nous avons tous des réserves dont nous ne soupçonnons pas l'existence.*»
>
> William James

«Dans la fable, le jardin est un symbole de l'esprit», dit Julian. «Si tu soignes ton esprit, si tu le nourris et si tu le cultives tout comme un jardin fertile et riche, il produira des fleurs bien au-delà de tes attentes. Mais si tu laisses les mauvaises herbes s'installer, la paix de l'esprit et la profonde harmonie intérieure t'échapperont toujours.

«John, laisse-moi te poser une simple question. Si j'allais dans ton jardin, ce jardin dont tu me parlais tellement, et que je déversais des matières toxiques sur tes pétunias chéris, tu ne serais pas très content, n'est-ce pas?

– C'est vrai.

– En fait, la plupart des bons jardiniers gardent leurs jardins comme de fières sentinelles et veillent à ce que rien ne les contamine. Et pourtant, regarde toute cette matière toxique que la plupart des gens déversent dans le jardin fertile de leur esprit chaque jour qui passe: les inquiétudes et les anxiétés; ils se rongent l'esprit au sujet du passé, et passent leur temps à songer à l'avenir, et toutes ces craintes créées de toutes pièces déchaînent le chaos dans leur monde intérieur. Dans le langage indigène des Sages de Sivana, qui existe depuis des milliers d'années, la lettre qui représente l'inquiétude était étonnamment similaire à la lettre qui symbolise un bûcher funéraire. Yogi Raman m'a dit qu'il ne s'agit pas là d'une simple coïncidence. L'inquiétude draine l'esprit de la plus grande partie de son pouvoir et, tôt ou tard, elle blesse l'âme.

«Pour vivre pleinement, tu dois monter la garde à la porte de ton jardin et ne laisser pénétrer que les meilleures informations. Tu ne peux vraiment pas te permettre le luxe d'une pensée négative, pas une seule. Les gens les plus joyeux, les plus dynamiques et les plus heureux de ce monde ne diffèrent pas plus de toi ou de moi en ce qui concerne l'essentiel. Nous sommes tous faits de chair et de sang. Nous venons tous de la même source universelle. Cependant, ceux qui font plus qu'exister, ceux qui nourrissent les flammes de leur potentiel humain et savourent réellement la danse magique de la vie font les choses différemment de ceux qui mènent une vie ordinaire. Parmi les choses qu'ils font, la plus importante est qu'ils adoptent un modèle positif pour leur monde et tout ce qu'il contient.»

Julian ajouta: «Les sages m'ont appris que, durant une journée ordinaire, environ soixante mille pensées passent à travers l'esprit d'une personne ordinaire. Ce qui m'a vraiment stupéfait pourtant, c'est que quatre-vingt-quinze pour cent de ces pensées sont les mêmes que celles du jour précédent!

– Es-tu sérieux?» demandai-je.

– Très. C'est là la tyrannie de la pensée appauvrie. Ces gens qui ont les mêmes pensées tous les jours, dont la plupart sont négatives, ont acquis de mauvaises habitudes mentales. Au lieu de se concentrer sur tout ce qui est bon dans leur vie et de penser à des moyens de rendre les choses encore meilleures, ils sont les captifs de leur passé. Certains d'entre eux s'inquiètent au sujet de relations qui ont échoué ou de problèmes financiers. D'autres se rongent les sangs à cause de leur enfance qui n'a pas été tout à fait parfaite. D'autres encore ruminent des questions encore plus futiles: la façon dont un vendeur les a traités ou les commentaires d'un collègue qui semblait plein de mauvaise volonté. Ceux qui laissent leur esprit aller de cette façon permettent à l'inquiétude de dérober leur énergie. Ils bloquent l'énorme potentiel de leur esprit qui est à même de leur donner comme par enchantement tout ce qu'ils veulent, émotivement, physiquement et, oui, même spirituellement. Ces gens ne se rendent pas compte que gérer son esprit est l'élément essentiel de la gestion de sa vie.

«Ta façon de penser provient purement et simplement de l'habitude», continua Julian avec conviction. «La plupart des gens ne se rendent pas compte de l'énorme potentiel de leur esprit. J'ai appris que même les plus grands penseurs n'utilisent qu'un centième de leur réserve mentale. À Sivana, les sages ont eu l'audace d'explorer le potentiel inexploité de leurs capacités mentales de façon régulière. Et les résultats ont été stupéfiants. Grâce à une discipline et à des exercices réguliers, Yogi Raman a conditionné son esprit de façon à pouvoir ralentir les battements de son cœur à volonté. Il s'est même exercé à passer des semaines sans dormir. Même si je ne te suggérerai jamais ce genre d'objectif, je te conseille de commencer à percevoir ton esprit comme ce qu'il est: le plus beau présent de la nature.

– Y a-t-il des exercices qui me permettront de libérer ce pouvoir mental? Si je pouvais ralentir les battements de mon cœur, cela me rendrait absolument fascinant lors des cocktails et des réceptions», dis-je d'une manière impertinente.

– Ne t'inquiète pas de ça maintenant, John. Je vais t'indiquer quelques méthodes pratiques que tu pourras essayer plus tard et qui te montreront le pouvoir de cette science ancienne. Pour l'instant, ce qui est important, c'est de comprendre que la maîtrise mentale est une question de conditionnement, rien de plus et rien de moins. Dès notre venue au monde, la plupart d'entre nous ont les mêmes matières premières; ce qui différencie les gens qui accomplissent davantage des autres ou ceux qui sont plus heureux que les autres, c'est leur façon d'utiliser et de raffiner ces matières premières. Quand tu te consacres à la transformation de ton monde intérieur, ta vie passe rapidement de l'ordinaire au royaume de l'extraordinaire.»

Mon maître était de plus en plus excité. Ses yeux semblaient scintiller lorsqu'il parlait de la magie de l'esprit et des richesses qu'elle apporterait sûrement.

«Tu sais John, en dernière analyse, il n'y a qu'une seule chose sur laquelle nous avons un pouvoir absolu.

– Nos enfants?» dis-je en souriant d'un air bonasse.

– Non, mon ami, nos esprits. Nous ne sommes peut-être pas capables de maîtriser le climat ou la circulation, ou les humeurs de ceux qui nous entourent, mais nous pouvons très certainement contrôler notre attitude à l'égard de ces événements. Nous avons tous le pouvoir nécessaire pour déterminer à quoi nous allons penser à un moment donné. Cette capacité fait partie de ce qui nous rend humains. Tu vois, l'un des joyaux fondamentaux de la vraie sagesse que j'ai apprise au cours de mes voyages en Orient est aussi la chose la plus simple.»

Julian fit une pause comme pour faire apparaître un cadeau sans prix.

«Et de quoi s'agit-il?

– La réalité objective ou le "vrai monde" n'existe pas. Il n'y a pas d'absolu. Le visage de ton pire ennemi est peut-être le visage de mon meilleur ami. Un événement qui semble être une tragédie pour l'un peut révéler à l'autre des possibilités illimitées. Ce qui différencie vraiment les gens qui sont habituellement énergiques et optimistes de ceux qui sont perpétuellement malheureux, c'est leur façon d'interpréter les circonstances de la vie et de s'en servir.

— Julian, comment est-ce qu'une tragédie peut être autre chose qu'une tragédie?

— Voici un exemple tout simple. Quand je passais par Calcutta, j'ai rencontré une maîtresse d'école appelée Malika Chand. Elle aimait beaucoup l'enseignement et traitait ses élèves comme s'ils étaient ses propres enfants. Elle développait leur potentiel avec grande bonté. Elle répétait toujours: "Votre volonté est plus importante que votre intelligence". Elle était connue dans son quartier comme une personne qui vivait pour donner, qui savait s'oublier pour servir tous ceux qui étaient dans le besoin. Malheureusement, son école bien-aimée, qui avait été le témoin silencieux des merveilleux progrès de plusieurs générations d'enfants, a succombé aux flammes d'un incendie allumé une nuit par un pyromane. Tout son entourage a ressenti cette grande perte. Mais à mesure que le temps passait, la colère a cédé le pas à l'apathie et tout le monde s'est résigné au fait que les enfants n'auraient plus d'école.

— Et Malika?

— Elle était différente. C'était une éternelle optimiste. Contrairement à tout le monde autour d'elle, elle décela des possibilités dans ce qui était arrivé. Elle dit à tous les parents que chaque échec offre des avantages si on prend le temps de les chercher. Cet événement était un présent déguisé. L'école qui avait brûlé entièrement était vieille et décrépite. Le toit était percé et le plancher avait finalement cédé sous le poids des milliers de petits pieds qui le piétinaient. C'était là l'occasion pour que tout le quartier s'unisse et construise une nouvelle école, une école qui servirait à un bien grand nombre d'enfants dans les années à venir. Et ainsi, avec cette dynamo de soixante-quatre ans derrière eux, ils ont rassemblé leurs ressources et recueilli suffisamment de fonds pour construire une école toute neuve, une école qui illustrait le pouvoir de la vision face à l'adversité.

– Alors, c'est comme ce vieil adage à propos de l'optimiste qui voit le verre à moitié plein et du pessimiste qui le voit à moitié vide?

– Oui, c'est une assez bonne façon de voir la chose. Quoi qu'il arrive dans ta vie, toi seul as la capacité de choisir ta façon de réagir. Quand tu prendras l'habitude de chercher l'élément positif dans chaque circonstance, ta vie prendra ses plus grandes dimensions. C'est l'une des plus grandes lois naturelles.

– Et tout cela commence lorsqu'on utilise son esprit plus efficacement?

– Exactement, John. Tous les succès dans la vie, qu'ils soient d'ordre matériel ou spirituel, commencent dans cette masse de six kilos environ située entre tes deux oreilles, ou plus précisément, avec les pensées que tu mets dans ton esprit chaque seconde, de chaque minute, de chaque jour. Ton monde extérieur reflète l'état de ton monde intérieur. En contrôlant ce que tu penses et ta façon de réagir aux événements, tu commences à contrôler ton destin.

– Tout cela me semble très logique, Julian. Je suppose que ma vie a été tellement occupée que je n'ai jamais pris le temps de penser à toutes ces choses. Quand j'étais à la faculté de droit, mon meilleur ami Alex aimait à lire des livres qui l'inspiraient. Il disait qu'ils le motivaient et lui donnaient de l'énergie pour faire face à notre charge de travail écrasante. Je me rappelle qu'il m'a raconté que dans l'un de ces livres, on disait que l'idéogramme chinois pour le mot "crise" est composé de deux sous-idéogrammes: un qui se lit "danger" et l'autre qui se lit "occasion". Je suppose que les anciens Chinois savaient que même les circonstances les plus dramatiques ont leur bon côté, si l'on a le courage de le chercher.

– Yogi Raman m'a dit cela ainsi: "Il n'y a pas d'erreur dans la vie, il n'y a que des leçons. Il n'existe pas d'expérience négative, il n'y a que des occasions de mûrir, d'apprendre et d'avancer le long de la voie de la maîtrise de soi. La force vient de la lutte. Même la douleur peut être une enseignante".

– La douleur?», protestai-je.

– Absolument. Pour transcender la douleur, il faut d'abord en faire l'expérience. Ou, en d'autres termes, comment peux-tu vraiment connaître la joie d'être au sommet de la montagne sans avoir d'abord visité les vallées les plus basses. Tu me suis?

– Pour savourer ce qui est bon, on doit connaître ce qui est mauvais?

– Oui, mais je te suggère d'arrêter de juger les événements comme positifs ou négatifs. Tu devrais simplement en faire l'expérience, les célébrer et en retirer des leçons. Chaque événement nous offre ses leçons. Ces petites leçons stimulent notre croissance intérieure et extérieure. Sans elles, tu serais coincé sur un plateau. Pense à ta propre vie et tu verras. La plupart des gens évoluent davantage à la suite de leurs expériences les plus difficiles. Et si tu obtiens un résultat auquel tu ne t'attendais pas, et que tu te sens un peu déçu, n'oublie pas que les lois de la nature font toujours en sorte qu'une porte s'ouvre lorsqu'une autre se ferme.»

Pris dans l'excitation du moment, Julian étendit les bras en l'air à l'instar d'un évangéliste du Sud prêchant à sa congrégation. «Lorsque tu auras mis systématiquement en pratique ce principe à ta vie quotidienne et commencé à conditionner ton esprit afin qu'il interprète chaque événement de façon positive, tu auras le pouvoir de bannir l'inquiétude à tout jamais. Tu cesseras d'être le prisonnier de ton passé. Au lieu de cela, tu deviendras l'architecte de ton futur.

– D'accord, je comprends le concept. Chaque expérience, même la pire, m'offre une leçon. Par conséquent, je devrai ouvrir mon esprit à l'enseignement que m'apporte chaque événement. De cette façon, je deviendrai plus fort et plus heureux. Que pourrait faire d'autre un humble avocat de la classe moyenne pour améliorer sa vie?

– Tout d'abord, commencer à vivre dans la gloire de ton imagination, et non pas de ta mémoire.

– Tu peux me répéter ça encore une fois?

– Tout ce que je dis, c'est que pour libérer le potentiel de ton esprit, de ton corps et de ton âme, tu dois d'abord développer ton imagination. Vois-tu, les choses sont créées deux fois: premièrement, dans l'atelier de ton esprit, et ensuite, et seulement ensuite, dans la réalité. J'appelle ce processus "formuler un plan détaillé" car tout ce que tu crées dans ton monde extérieur a commencé comme un simple plan dans ton monde intérieur, sur le vaste écran de ton esprit. Lorsque tu apprends à maîtriser tes pensées et que tu imagines très clairement tout ce que tu désires de cette existence terrestre en étant dans un état de totale attente, les forces qui dorment en toi s'éveilleront. Tu commenceras à libérer le vrai potentiel de ton esprit afin de créer le genre de vie magique que, selon moi, tu mérites. Dès cet instant, oublie le passé. Aie l'audace de rêver que tu es bien plus que la somme de tes circonstances actuelles. Attends-toi à ce qu'il y a de meilleur. Tu seras étonné par les résultats.

– Tu sais, John, toutes ces années durant lesquelles j'ai exercé la profession d'avocat, je pensais que je savais tant de choses. J'ai passé des années à étudier dans les meilleures écoles, à lire tous les livres de droit dont j'ai pu m'emparer et à travailler avec les meilleurs modèles d'exemples. Bien sûr, j'ai été victorieux à ce jeu en particulier. Pourtant, je me rends compte maintenant que j'ai été perdant au jeu de la vie. J'étais si occupé à poursuivre les grands plaisirs de la vie que j'ai négligé tous les petits plaisirs. Je n'ai jamais lu tous ces grands livres que mon père avait l'habitude de me conseiller de lire. Je n'ai pas pris le temps de créer de grandes amitiés. Je n'ai jamais appris à apprécier la grande musique. Cela dit, je pense vraiment que je fais partie des gens qui ont eu de la chance. Ma crise cardiaque a été un tournant crucial, mon alerte personnelle, si tu veux. Crois-le ou non, elle m'a donné une deuxième chance de vivre une vie plus riche et plus inspirée. Tout comme Malika Chand, j'ai détecté dans mon expérience douloureuse la présence d'occasions uniques. Et plus important encore, j'ai eu le courage de les saisir et de persévérer.»

Je pouvais voir que non seulement Julian avait rajeuni, mais qu'il avait acquis aussi intérieurement une grande sagesse. Je me rendis compte que cette soirée était bien plus qu'une conversation fascinante avec un vieil ami. Je constatai que cette nuit pouvait être un point tournant et une chance évidente de prendre un nouveau départ. Je me mis à examiner tout ce qui allait de travers dans ma vie. Bien sûr, j'avais une famille formidable et un métier stable en tant qu'avocat réputé, et pourtant, dans mes moments de calme, je savais qu'il devait y avoir autre chose. Il fallait que je remplisse ce vide qui commençait à s'insinuer dans ma vie.

Quand j'étais enfant, je faisais de grands rêves. Souvent, je m'imaginais sous les traits d'un champion ou d'un magnat des affaires. Je croyais vraiment que je pouvais faire, avoir et être tout ce que je voulais. Je me rappelai aussi comment je me sentais quand, jeune garçon, je grandissais sur la côte ouest inondée de soleil. Des plaisirs simples m'amusaient. Je passais des après-midi magnifiques à me baigner tout nu dans la mer ou à pédaler à travers bois. J'avais une telle curiosité de la vie. J'étais un aventurier. Il n'y avait pas de limites à ce que l'avenir pouvait m'apporter. Honnêtement, depuis quinze ans, je n'avais pas ressenti ce genre de liberté et de joie. Qu'était-il arrivé?

Avais-je perdu de vue mes rêves, ou étais-je simplement devenu un adulte résigné à agir comme tous les adultes sont censés le faire? Peut-être que je les avais perdus de vue quand j'étais allé à la faculté de droit et que j'avais commencé à parler comme les avocats le font. De toute façon, au cours de cette soirée aux côtés de Julian, durant laquelle il m'ouvrit son cœur avec une tasse de thé froide, je pris la résolution de cesser de passer tellement de temps à gagner ma vie et de passer beaucoup plus de temps à me créer une vie.

«On dirait que je t'ai poussé à penser aussi à ta vie», fit observer Julian. «Commence à penser à tes rêves pour changer, tout comme lorsque tu étais un petit enfant. Jonas Salk l'a dit fort bien lorsqu'il a écrit: "J'ai eu des rêves et j'ai eu des cauchemars. J'ai surmonté les cauchemars grâce à mes rêves." Aie l'audace d'épousseter tes rêves, John. Recommence à vénérer la vie et à célébrer toutes ses merveilles. Prends conscience du pouvoir que possède ton esprit pour exaucer tes rêves. Quand tu auras fait cela, l'univers conspirera avec toi à rendre ta vie magique.»

Ensuite, Julian plongea sa main dans les profondeurs de sa robe et en sortit une petite carte, qui avait le format environ d'une carte professionnelle, et dont les côtés étaient légèrement déchirés, car elle avait apparemment beaucoup servi.

«Un jour, tandis que Yogi Raman et moi-même nous promenions le long d'un calme sentier de montagne, je lui ai demandé qui était son philosophe préféré. Il me dit qu'il avait subi plusieurs influences dans sa vie, et qu'il lui était difficile de déterminer laquelle était une source d'inspiration. Cependant, il y avait une citation qu'il gardait toujours enfouie profondément dans son cœur, une citation qui englobait toutes les valeurs qu'il avait appris à chérir durant une vie passée dans la contemplation silencieuse. Dans cet endroit magnifique, au cœur de nulle part, ce sage érudit de l'Orient me confia cette citation. Je l'ai gravée moi aussi dans mon cœur. Ces mots servent quotidiennement à me rappeler tout ce que nous sommes et tout ce que nous pouvons être. Les mots viennent d'un grand philosophe indien Patañjali. Je les répète à voix haute tous les matins avant de m'asseoir pour méditer et ils ont une profonde influence sur le reste de ma journée. N'oublie pas, John, que les mots sont la concrétisation verbale du pouvoir.»

Ensuite, Julian me montra la carte. La citation se lisait ainsi:

«*Lorsque vous êtes inspiré par un grand but, un projet extraordinaire, toutes vos pensées brisent leurs liens: votre esprit transcende ses limites, votre conscience s'étend dans toutes les directions, et vous vous trouvez dans un nouveau monde merveilleux et grandiose. Les forces, les facultés, et les talents qui dormaient en vous s'éveillent, et vous découvrez que vous êtes un être infiniment supérieur à celui que vous avez rêvé d'être un jour.*»

À cet instant, je vis le rapport qui existait entre la vitalité physique et l'agilité mentale. Julian respirait la santé et semblait avoir un bon nombre d'années de moins qu'au moment où nous étions rencontrés pour la première fois. Il débordait de dynamisme et il semblait que son énergie, son enthousiasme et son optimisme étaient sans limites. Je pouvais voir qu'il avait modifié de plusieurs façons son ancien mode de vie, mais il était évident que le début de sa magnifique transformation était son excellente santé mentale. Le succès extérieur commence vraiment avec le succès intérieur, et en modifiant ses pensées, Julian Mantle avait effectivement changé sa vie.

«Qu'est-ce que je dois faire exactement pour acquérir cette attitude positive, sereine et inspirée, Julian? Après toutes ces années de routine, je crois que mes muscles mentaux se sont un peu ramollis. À bien y penser, je maîtrise très peu les pensées qui flottent dans le jardin de mon esprit», dis-je avec sincérité.

– L'esprit est un serviteur merveilleux, mais un maître terrible. Si tu es devenu un penseur négatif, c'est que tu ne t'es pas occupé de ton esprit et que tu n'as pas pris le temps de le diriger vers ce qui est bon. Winston Churchill disait que "le prix de la grandeur est la responsabilité de chacune de nos pensées". Alors, tu établiras dans ton esprit l'attitude positive que tu recherches. N'oublie pas que l'esprit est réellement pareil à un autre muscle de ton corps. Si tu ne l'utilises pas, il s'atrophie.

– Tu veux dire que si je ne mets pas à profit mon esprit, il s'affaiblira?

– Oui. Regardons les choses ainsi: si tu veux fortifier les muscles de ton bras afin qu'ils puissent faire plus d'efforts, tu dois les exercer. Si tu veux renforcer les muscles de tes jambes, tu dois d'abord t'en servir. De même, ton esprit fera des choses merveilleuses pour toi si seulement tu l'y autorises. Il attirera tout ce que tu désires dans ta vie une fois que tu auras appris à t'en servir efficacement. Il créera une santé idéale si tu le soignes comme il se doit et il reviendra à son état naturel de paix et de tranquillité, si tu sais comment le lui demander. Les Sages de Sivana avaient une maxime très spéciale: "Les limites de ta vie ne sont que les créations du moi".

– Je ne crois pas que je comprends cette phrase-là, Julian.

– Les penseurs éclairés savent que leurs pensées forment leur monde et que la qualité de leur vie dépend de la richesse de leurs pensées. Si tu veux vivre une vie plus paisible, plus significative, tu dois avoir des pensées plus paisibles et plus significatives.

– Indique-moi le raccourci, Julian.

– Que veux-tu dire?» me demanda Julian doucement, en passant ses doigts bronzés le long du tissu brillant de sa robe.

– Je suis très intrigué par tout ce que tu me dis, mais je suis un type impatient. N'as-tu pas quelques exercices ou quelques techniques que je peux utiliser tout de suite, ici dans ma salle de séjour, pour changer ma façon de penser?

– Les raccourcis ne servent à rien. Tout changement intérieur durable exige du temps et des efforts. La persévérance est la mère de la transformation personnelle. Je ne dis pas que cela te prendra des années pour apporter des changements profonds dans ta vie. Si tu appliques avec diligence les stratégies dont je te parle, chaque jour durant un mois, tu seras étonné par les résultats. Tu commenceras à atteindre les plus hauts niveaux de tes propres capacités et à pénétrer dans le royaume du miraculeux. Mais pour atteindre cette destination, tu ne dois pas être obsédé par le résultat. Au lieu de cela, apprécie le processus de l'expansion personnelle et de la croissance. Ironiquement, moins tu te concentres sur le résultat final, plus tu l'atteins rapidement.

– Comment cela?

– C'est comme l'histoire classique de ce jeune garçon qui voyagea très loin de chez lui pour aller étudier auprès d'un grand maître. Lorsqu'il eut rencontré le sage, la première question qu'il lui posa fut: "Combien de temps me faudra-t-il pour être aussi sage que vous?"

«La réponse lui fut donnée rapidement: "Cinq ans."

«"C'est très long", répliqua le jeune homme. "Et si je faisais deux fois plus d'efforts?"

«"Alors il te faudra dix ans", dit le maître.

«"Dix ans! C'est beaucoup trop long. Et si je travaillais toute la journée et tard dans la nuit, chaque nuit?"

«"Quinze ans", dit le sage.

«"Je ne comprends pas", répliqua le jeune homme. "Chaque fois que je promets de consacrer plus d'énergie pour atteindre mon but, vous me dites que cela prendra plus de temps. Pourquoi?"

«"La réponse est simple, avec un œil fixé sur ta destination, il ne te restera qu'un seul œil pour te guider durant le voyage."»

– L'objection est bien fondée, maître», concédai-je avec bienveillance. «On dirait l'histoire de ma vie.

– Sois patient et sache avec certitude que tout ce que tu cherches t'arrivera si tu t'y prépares et si tu t'y attends.

– Mais je n'ai jamais été du genre chanceux, Julian. Tout ce que j'ai jamais reçu, je ne l'ai eu que grâce à mon inlassable persistance.

– Qu'est-ce que la chance, mon ami?», répondit Julian avec bonté. «Ce n'est rien d'autre que le mariage de la préparation et de l'occasion.»

Julian ajouta tout doucement: «Avant de t'indiquer les méthodes précises que m'ont enseignées les Sages de Sivana, je dois d'abord te transmettre quelques principes clés. Premièrement, n'oublie jamais que la concentration est à la source de la maîtrise mentale.

– Sérieusement?

– Je sais, ça m'a surpris aussi, mais c'est vrai. L'esprit peut accomplir des choses extraordinaires, tu as déjà appris cela. Le fait même que tu aies un désir ou un rêve signifie que tu as les capacités correspondantes pour l'exaucer. C'est là une des grandes vérités universelles connues par les Sages de Sivana. Cependant, pour libérer le pouvoir de l'esprit, tu dois d'abord apprendre à le canaliser et à le diriger uniquement vers la tâche qui t'occupe. Au moment où tu concentres ton esprit sur un seul but, des présents extraordinaires apparaissent dans ta vie.

– Pourquoi est-il si important d'avoir la concentration d'esprit?

– Laisse-moi t'offrir une devinette qui répondra fort bien à ta question. Imagine que tu sois perdu dans les bois au cœur de l'hiver. Tu as désespérément besoin de te réchauffer. Tout ce que tu as dans ton sac à dos est une lettre que ton meilleur ami t'a envoyée, une boîte de thon et une petite loupe que tu emportes pour t'aider à mieux voir. Fort heureusement, tu t'es arrangé pour trouver un peu de petit bois sec, mais malheureusement, tu n'as pas d'allumettes. Comment vas-tu allumer le feu?»

Nom d'un chien! Julian m'avait eu. Je n'avais aucune idée de la réponse.

– Je donne ma langue au chat.

– C'est très simple. Tu places la lettre dans le petit bois et tu tiens la loupe au-dessus. Les rayons du soleil seront concentrés de façon à allumer le feu en quelques secondes.

– Et la boîte de thon?

– Oh, j'ai juste ajouté ça pour te distraire et t'empêcher de voir la solution évidente», répliqua Julian avec un sourire. «Mais voici l'essentiel de cet exemple: si tu mets la lettre sur le petit bois sec, tu n'auras aucun résultat. Pourtant, à l'instant où tu utilises la loupe pour concentrer les rayons épars du soleil sur la lettre, elle prendra feu. Cette analogie est la même pour l'esprit. Lorsque tu concentres ses pouvoirs immenses sur des objectifs bien définis et significatifs, tu allumeras rapidement les flammes de ton potentiel personnel et tu produiras des résultats étonnants.

– Comme quoi?» demandai-je.

– Tu es le seul à pouvoir répondre à cette question. Qu'est-ce que tu recherches? Souhaites-tu être un meilleur père et mener une vie plus équilibrée et plus gratifiante? Ou désires-tu plus d'épanouissement spirituel? As-tu le sentiment que ta vie manque d'aventure et de divertissement? Penses-y un peu.

– Et le bonheur éternel?

– Fais les choses en grand ou ne fais rien», dit-il avec un petit rire étouffé. «Rien de tel que de commencer modestement. Eh bien, tu peux avoir ça aussi.

– Comment?

– Les Sages de Sivana connaissent le secret du bonheur depuis plus de cinq mille ans. Heureusement, ils ont bien voulu le partager avec moi. Tu veux le savoir?

– Non, je crois que je vais d'abord faire une petite pause et aller tapisser de papier peint les murs du garage.

– Quoi?

– Bien sûr que je veux entendre le secret du bonheur éternel, Julian. Est-ce que ce n'est pas ce que nous cherchons tous en fin de compte?

– C'est vrai. Eh bien, voilà... Puis-je te demander une autre tasse de thé?

– Allez, cesse de t'esquiver.

– Bon, le secret du bonheur est simple: *tu dois découvrir ce que tu aimes vraiment faire et ensuite le faire avec toute ton énergie.* Si tu observes les gens les plus heureux, les mieux portants, les plus satisfaits de ce monde, tu verras que chacun d'eux a découvert quelle était sa passion dans la vie et a passé son temps à la satisfaire. Il s'agit presque toujours de servir les autres d'une certaine façon. Une fois que tu concentres le pouvoir et l'énergie de ton esprit vers une occupation que tu aimes, l'abondance coule dans ta vie, et tous tes désirs sont comblés avec facilité et grâce.

– Alors, il faut tout simplement découvrir ce qu'on aime faire et puis le faire?

– Si c'est une occupation qui en vaut la peine», répliqua Julian.

– Comment définis-tu "en valoir la peine"?

– Comme je l'ai dit, John, ta passion doit, d'une certaine façon, améliorer ou servir la vie des autres. Victor Frankl l'a dit plus élégamment que je ne pourrai jamais le faire: "Le succès, comme le bonheur, ne peut pas être poursuivi. Il doit se manifester. Et il ne se manifeste que comme un effet secondaire du dévouement à une cause plus grande que soi." Une fois que tu auras trouvé quelle est l'œuvre de ta vie, ton monde va s'animer. Tu te réveilleras tous les matins avec des réserves illimitées d'énergie et d'enthousiasme. Toutes tes pensées seront concentrées sur cet objectif défini. Tu n'auras pas le temps de perdre du temps. Par conséquent, ton précieux pouvoir mental ne sera pas gaspillé à des pensées futiles. Tu élimineras automatiquement l'habitude de t'inquiéter et tu deviendras infiniment plus efficace et productif. Il est intéressant de noter que tu éprouveras aussi un sentiment profond d'harmonie intérieure, comme si tu te sentais guidé d'une certaine façon pour accomplir ta mission. C'est un sentiment merveilleux. Je l'adore», dit Julian joyeusement.

– C'est fascinant, et j'aime bien quand tu parles de se sentir bien dans sa peau. Pour être honnête avec toi, Julian, en général, le matin, je n'ai qu'un seul désir et c'est de rester sous les couvertures. Ce serait tellement plus agréable que de faire face à la circulation, aux clients furieux, aux adversaires agressifs et au flot incessant d'influences négatives. Tout cela me fatigue tellement.

– Sais-tu pourquoi les gens dorment tellement?

– Pourquoi?

– Parce qu'ils n'ont vraiment pas autre chose à faire. Ceux qui se lèvent à l'aube ont tous une chose en commun.

– La folie?

– Très drôle. Non, ils ont tous un but qui attise les flammes de leur potentiel intérieur. Ils sont poussés par leurs priorités, mais pas d'une façon malsaine et obsessive. C'est plutôt doux et sans effort. Et étant donné leur enthousiasme et leur amour pour ce qu'ils font dans leur vie, ces gens vivent dans le présent. Leur attention est entièrement et complètement axée sur la tâche qui les occupe. Par conséquent, il n'y a pas de fuite d'énergie. Ces gens sont parmi les plus dynamiques et les plus remplis de vitalité que tu auras jamais le bonheur de rencontrer.

– Fuite d'énergie? Ça m'a l'air un peu Nouvel Âge, Julian. Je parie que tu n'as pas appris ça à la faculté de droit de Harvard.

– C'est très vrai. Ce sont les Sages de Sivana qui ont conçu cette notion. Même si elle existe depuis des siècles, son application est tout aussi pertinente aujourd'hui qu'elle l'était lorsqu'elle a été mise au point la première fois. Un trop grand nombre d'entre nous sommes consumés par une inquiétude inutile et incessante. Cela nous draine de notre vitalité et de notre énergie naturelles. As-tu jamais vu une chambre à air de bicyclette?

– Bien sûr.

– Lorsqu'elle est complètement gonflée, elle peut facilement te mener à ta destination. Mais si elle a des fuites, en définitive, le tube se dégonfle, et ton voyage s'arrête net. C'est aussi comme ça que le cerveau fonctionne. L'inquiétude est la cause des fuites de ta précieuse énergie mentale et de ton potentiel, tout comme l'air qui fuit hors d'une chambre à air. Bientôt, tu n'as plus d'énergie. Alors, toute ta créativité, ton optimisme et ta motivation disparaissent et te laissent exténué.

– Je connais cette sensation. Je passe souvent des jours entiers au milieu du chaos provoqué par des crises. Je dois être partout à la fois et pourtant ça ne semble pas faire plaisir à qui que ce soit. Ces jours-là, je remarque que même si je fais très peu de travail physique, toutes les inquiétudes me laissent complètement épuisé à la fin de la journée. La seule chose que je parviens à faire quand j'arrive chez moi, c'est de me verser un scotch et de me pelotonner dans un fauteuil avec la télécommande.

– Je sais ce que c'est, c'est l'excès de stress qui te fait ça. Une fois que tu auras trouvé ton but, cependant, la vie deviendra beaucoup plus facile et beaucoup plus gratifiante. Quand tu auras découvert quel est ton but réel ou ton destin, tu n'auras plus besoin de travailler un seul jour de ta vie.

– Une retraite prématurée?

– Non», dit Julian sur le ton sérieux qu'il avait acquis à l'époque où il était un éminent avocat. «Ton travail sera un jeu.

– Ne serait-ce pas un peu risqué d'abandonner mon travail pour commencer à partir à la recherche de ma passion dévorante et de mon but? Je veux dire que j'ai une famille et de vraies obligations. J'ai quatre personnes à ma charge.

– Je ne dis pas que tu dois quitter la profession d'avocat demain. Cependant, commence à prendre des risques. Secoue un peu ta vie. Débarrasse-toi des toiles d'araignée. Prends une route peu fréquentée. La plupart des gens vivent dans les limites de leur zone de confort. Yogi Raman a été le premier à m'expliquer que ce que tu peux faire de mieux pour toi-même, c'est de t'écarter régulièrement de ta zone de confort. C'est là le chemin pour arriver à une maîtrise personnelle durable et pour maximiser ton vrai potentiel.

– Et en quoi consiste-t-il?

– Ton esprit, ton corps et ton âme.

– Donc, quels risques devrais-je prendre?

– Cesse d'être tellement pratique. Commence à faire les choses que tu as toujours eu envie de faire. J'ai connu des avocats qui ont quitté leur travail pour devenir des acteurs de théâtre, et des comptables qui sont devenus des musiciens de jazz. Ce faisant, ils ont trouvé le profond bonheur qui leur avait échappé si longtemps. Donc, qu'est-ce que ça peut faire s'ils ne peuvent plus se permettre de partir en vacances deux fois par an et de posséder une maison d'été cossue dans les îles Caïmans? Si tu prends des risques calculés, tu en retireras des dividendes énormes. Comment peux-tu arriver quelque part si tu as les deux pieds dans la même bottine?

– Je vois ce que tu veux dire.

– Alors, prends le temps de penser. Découvre la vraie raison pour laquelle tu es sur terre et puis ensuite aie le courage d'en faire une réalité.

– Sauf tout le respect que je te dois, Julian, tout ce que je fais, c'est de penser. En fait, une partie de mon problème, c'est que je pense trop. Mon esprit ne s'arrête jamais. Il est rempli de jacassement mental, cela me rend fou parfois.

– Ce que je suggère est différent. Les Sages de Sivana prenaient tous le temps chaque jour de contempler en silence non seulement où ils en étaient, mais où ils allaient. Ils prenaient le temps de réfléchir à leur but et à la façon de vivre leur vie quotidiennement. Plus important encore, ils pensaient profondément et sincèrement à la façon dont ils pourraient améliorer le lendemain. Des améliorations quotidiennes produisent des résultats durables qui, à leur tour, mènent à des changements positifs.

– Je devrais donc prendre le temps de réfléchir régulièrement à ma vie?

– Oui, même si tu passes dix minutes à réfléchir en te
concentrant tous les jours, cela aura des répercussions profondes sur la qualité de ta vie.

– Je comprends ce que tu veux dire, Julian. Le problème
c'est que, une fois ma journée commencée, je ne peux même
pas trouver dix minutes pour manger mon déjeuner.

– Mon ami, me dire que tu n'as pas le temps d'améliorer
tes pensées et ta vie, c'est comme si tu affirmais que tu n'as pas
le temps de t'arrêter pour de l'essence car tu es trop occupé à
conduire. Un jour ou l'autre, la réalité te rattrape.

– Ouais, je sais. Ne devais-tu pas me suggérer quelques
techniques, Julian?» dis-je en espérant apprendre quelques façons pratiques de mettre en application les sages conseils que
j'entendais.

– Il y a une technique pour maîtriser l'esprit qui surpasse
toutes les autres. C'est la technique préférée des Sages de Sivana qui me l'ont apprise avec grande foi et confiance. Après
m'être exercé durant 21 jours seulement, j'ai commencé à me
sentir plus énergique, plus enthousiaste et plus dynamique
que je ne l'avais fait depuis des années. Cet exercice est vieux
de plus de quatre mille ans. Il s'appelle le "Cœur de la Rose".

– Explique-moi ça.

– Tout ce dont tu as besoin pour faire cet exercice est
d'une rose fraîche et d'un endroit silencieux. Il vaut mieux être
dans la nature, mais une chambre calme fera aussi bien
l'affaire. Commence par regarder fixement le centre de la rose,
son cœur. Yogi Raman m'a dit qu'une rose est tout à fait
comme la vie: tu rencontreras des épines le long du chemin,
mais si tu as la foi et si tu crois en tes rêves, au bout du compte,
tu dépasseras les épines pour arriver à la splendeur de la fleur.

79

Continue de fixer la rose. Remarque sa couleur, sa texture et sa structure. Savoure son parfum et pense seulement à cette merveilleuse forme qui est devant toi. Au début, d'autres pensées vont commencer à se manifester dans ton esprit, et te distrairont du cœur de la rose. C'est la caractéristique d'un esprit qui n'est pas exercé. Mais ne t'inquiète pas, des progrès se manifesteront rapidement. Reporte simplement ton attention vers l'objet de tes pensées. Bientôt, ton esprit deviendra fort et discipliné.

– C'est tout? Ça a l'air très facile.

– C'est là toute la beauté de la chose, John», répliqua Julian. «Cependant, ce rituel doit être exécuté tous les jours pour qu'il soit efficace. Durant les premiers jours, tu trouveras cela difficile de passer cinq minutes à faire cet exercice. La plupart d'entre nous vivons à un rythme tellement frénétique que la vraie immobilité et le silence sont pour nous des choses étranges et inconfortables. La plupart des gens en entendant mes paroles diront qu'ils n'ont pas le temps de s'asseoir et de regarder fixement une fleur. Ce sont ces mêmes personnes qui te diront qu'elles n'ont pas le temps d'apprécier les rires des enfants et de marcher pieds nus sous la pluie. Ces gens disent qu'ils sont trop occupés pour faire de telles choses. Ils n'ont même pas le temps de créer des amitiés, car l'amitié aussi prend du temps.

– Tu sais beaucoup de choses sur les gens.

– J'étais l'un d'entre eux», dit Julian. Il s'arrêta alors et s'immobilisa, son regard intense se riva sur l'horloge de parquet que ma grand-mère nous avait donnée à Jenny et à moi quand nous avions pendu la crémaillère en l'honneur de notre installation dans notre nouvelle maison. «Quand je pense à ceux qui vivent leur vie de cette façon, je me rappelle les mots d'un vieux romancier britannique dont mon père aimait lire les œuvres: "Nous ne devons pas permettre à l'horloge et au calendrier de nous aveugler au point de ne plus voir que chaque moment de la vie est un miracle et un mystère."

«Persiste et passe des périodes de plus en plus longues à savourer le cœur de la rose», continua Julian de sa voix gutturale. «Après une semaine ou deux, tu pourras faire cet exercice durant 20 minutes sans que ton esprit vagabonde vers d'autres sujets. Ce sera la première indication que tu reprends le contrôle de la forteresse de ton esprit. Ensuite, il ne se concentrera que sur les sujets de ton choix. Il deviendra alors un serviteur merveilleux, capable de faire des choses extraordinaires pour toi. N'oublie pas: ou bien tu contrôles ton esprit ou bien c'est lui qui te contrôle.

– Du point de vue pratique, tu remarqueras que tu te sentiras beaucoup plus calme. Tu auras fait un très grand pas pour éliminer l'habitude de s'inquiéter qui afflige la plus grande partie de la population et tu te sentiras plus énergique et plus optimiste. Et plus important encore, tu pourras aussi observer qu'un sentiment de joie pénètre peu à peu dans ta vie, ainsi que la capacité d'apprécier les nombreux dons qui nous entourent. Chaque jour, peu importe dans quelle mesure tu seras occupé et le nombre de défis auxquels tu devras faire face, reviens au "Cœur de la Rose". C'est une oasis. C'est ta retraite silencieuse. C'est ton île de paix. N'oublie jamais que le pouvoir réside dans le silence et l'immobilité. L'immobilité est le premier échelon qui permet d'établir le contact avec la source universelle d'intelligence qui coule dans toute chose animée.»

J'étais fasciné par ce que je venais d'entendre. Était-il vraiment possible d'améliorer profondément la qualité de ma vie grâce à une stratégie si simple?

– Il doit y avoir autre chose que le "Cœur de la Rose" pour expliquer ces changements spectaculaires que je vois en toi», dis-je en pensant tout haut.

– Oui, c'est vrai. En fait, ma transformation a été le résultat d'un certain nombre de stratégies extrêmement efficaces que j'ai utilisées simultanément. Ne t'inquiète pas, ce sont tous des exercices aussi simples que celui dont je viens de te parler, et tous également puissants. La clé pour toi, John, consiste à ouvrir ton esprit au potentiel que tu as pour vivre une vie riche de possibilités.»

Julian, comme toujours source de connaissances, continua à révéler ce qu'il avait appris à Sivana. «Une autre technique particulièrement efficace pour débarrasser l'esprit de l'inquiétude et des autres influences négatives est fondée sur ce que Yogi Raman appelle la "Pensée Opposée". J'ai appris qu'en vertu des grandes lois de la nature, l'esprit ne peut saisir qu'une seule pensée à la fois. Essaie cela toi-même, John. Tu verras que c'est vrai.»

C'était vrai.

«En se servant de cette information méconnue, n'importe qui peut facilement et assez rapidement créer un état d'esprit positif et créatif. Le processus est simple: quand une pensée indésirable occupe le point central de ton esprit, tu la remplaces immédiatement par une pensée désirable. C'est comme si ton esprit est un projecteur de diapositives géant, et que chaque pensée dans ton esprit est une diapositive. Chaque fois qu'une diapositive négative est projetée sur l'écran, tu interviens rapidement pour la remplacer par une image positive.

«C'est à ce moment-là que je me sers du chapelet que je porte autour du cou», ajouta Julian avec un enthousiasme croissant. «Chaque fois que je me surprends à penser quelque chose de négatif, j'ôte ce chapelet de mon cou et j'enlève un grain. Ces grains d'inquiétude s'accumulent dans une tasse que je garde dans mon sac à dos. Ensemble, ils servent à me rappeler tout doucement que j'ai encore du chemin à faire sur la voie de la maîtrise mentale et de la responsabilité des pensées qui remplissent mon esprit.

– Hé, elle est bonne celle-là! Ça, c'est vraiment des trucs pratiques. Je n'ai jamais entendu quelque chose de semblable. Parle-moi encore un peu de la "Pensée Opposée".

– Bon, je vais te donner un exemple tiré de la réalité. Supposons que tu aies eu une journée très difficile en Cour. Le juge n'était pas d'accord avec ton interprétation de la loi, l'avocat de la partie adverse aurait dû être enfermé dans un cage, et ton client était sérieusement énervé par ta prestation. Tu rentres chez toi, tu te laisses tomber dans ton fauteuil préféré, plein de sombres pensées. Premièrement, il faut que tu prennes conscience des pensées pessimistes dont tu es la proie. Bien se connaître est le premier échelon qui mène à la maîtrise de soi. Deuxièmement, il te faut déterminer immédiatement, et tout aussi facilement que tu as permis à ces sombres pensées de pénétrer dans ton esprit, que tu peux les remplacer par des pensées positives. Donc, pense à l'opposé du pessimisme. Concentre tes pensées sur l'énergie et l'optimisme. Sens que tu es heureux, tu pourrais même commencer à sourire. Bouge ton corps comme tu le fais lorsque tu es plein de joie et d'enthousiasme. Redresse-toi dans ton siège, respire profondément et utilise le pouvoir de ton esprit pour avoir des pensées positives. Tu remarqueras une différence notable dans ta façon de te sentir, au bout de quelques minutes. Et ce qui est encore plus important, si tu continues à t'exercer à la "Pensée Opposée", et que tu l'appliques à chaque pensée négative qui traverse ton esprit, en quelques semaines tu verras qu'elles n'ont plus aucun pouvoir. Vois-tu où je veux en ve - nir?»

Julian continua son explication: «Les pensées sont des choses vitales et vivantes, des petits paquets d'énergie, si tu veux. La plupart des gens ne pensent pas à la nature de leurs pensées; pourtant, la qualité de leurs pensées détermine la qualité de leur vie. Les pensées font autant partie du monde matériel que le lac dans lequel tu nages ou la rue dans laquelle tu te promènes. On peut faire des miracles avec un esprit fort et discipliné, ce que n'importe qui peut cultiver grâce à des exercices quotidiens. Si tu veux vivre pleinement ta vie, surveille tes pensées comme s'il s'agissait de tes biens les plus précieux. Il faut travailler fort pour éliminer toute turbulence intérieure. Les récompenses seront abondantes.

– Je n'ai jamais perçu les pensées comme des choses animées, Julian», répliquai-je, stupéfait par cette découverte. «Mais je peux voir de quelle façon elles influencent chaque élément de mon monde.

– Les Sages de Sivana croient fermement qu'il ne faut évoquer que des pensées *"sattvics"*, c'est-à-dire des pensées pures. Ils arrivent à cet état grâce aux techniques dont je viens de te parler, ainsi qu'à d'autres exercices tels qu'un régime à base d'aliments naturels, la répétition d'affirmations positives ou "mantras", comme ils les appellent, la lecture de livres riches de sagesse, et en veillant à ce que leur entourage soit composé de personnes éclairées. Si une seule pensée impure pénètre dans le temple de leur esprit, ils se punissent en marchant plusieurs kilomètres jusqu'à une imposante chute d'eau et se tiennent sous l'eau glacée jusqu'au moment où ils ne peuvent plus en supporter la température.

– Je croyais que tu m'avais dit que ces hommes étaient pleins de sagesse. Se tenir sous une chute d'eau glacée dans les hauteurs de l'Himalaya pour avoir eu une petite pensée négative me semble un comportement excessif.»

La réponse de Julian, aussi rapide que l'éclair, était le résultat de toute l'expérience qu'il avait acquise pendant ses années de batailles juridiques: «John, je serai brutal. Tu ne peux même pas te permettre le luxe d'une seule pensée négative.

– Vraiment?

– Vraiment. Une pensée inquiète est comme un embryon: elle commence par être petite, mais elle grossit et elle grossit. Bientôt, elle est animée de sa propre vie.»

84

Julian s'arrêta un moment, puis il sourit. «Je regrette d'avoir un ton légèrement évangéliste quand je parle de la philosophie apprise au cours de mon voyage. C'est que j'ai découvert des outils qui peuvent améliorer la vie de bon nombre de gens, de gens qui se sentent frustrés, malheureux et sans inspiration. Quelques petites modifications apportées à leur routine quotidienne pour y inclure la technique du "Cœur de la Rose" et la mise en pratique constante de la "Pensée Opposée" leur donnera la vie qu'ils souhaitent. Je pense qu'ils méritent de connaître cela.

«Avant de passer du jardin au prochain élément de la fable mystique de Yogi Raman, je dois te confier encore un secret qui t'aidera beaucoup dans ton perfectionnement personnel. Ce secret est fondé sur le principe ancien selon lequel tout est toujours créé deux fois, d'abord dans l'esprit, puis dans la réalité. Je t'ai déjà expliqué que les pensées sont des choses, les messagers matériels que nous envoyons à l'extérieur pour influencer notre monde physique. Je t'ai déjà expliqué que si tu espères apporter des changements remarquables dans ton monde extérieur, tu dois d'abord commencer à l'intérieur et modifier la nature de tes pensées.

«Les Sages de Sivana connaissent un moyen merveilleux pour faire en sorte que leurs pensées soient pures et salutaires. Cette technique était également très efficace pour projeter leurs désirs, si simples soient-ils, dans la réalité. Cette méthode peut être mise en pratique par n'importe qui. Elle servira aussi bien à l'avocat qui cherche à s'enrichir qu'à la mère de famille qui souhaite une vie de famille plus riche ou qu'au professionnel de la vente qui désire faire un plus grand nombre de ventes. Cette technique est connue des sages sous le nom de "Secret du Lac".

«Pour la mettre en pratique, ces maîtres se lèvent à quatre heures du matin, car ils estiment que l'aube possède des qualités magiques dont ils peuvent bénéficier. Les sages descen-

85

dent alors le long d'une série de sentiers de montagne étroits et escarpés qui les mènent éventuellement vers les régions inférieures. Une fois arrivés, ils marchent le long d'une piste à peine visible, bordée de magnifiques pins et de fleurs exotiques, jusqu'à ce qu'ils arrivent à une clairière. À la lisière de la clairière se trouve un lac de couleur aigue-marine couvert de milliers de minuscules fleurs de lotus blanches. L'eau du lac est étrangement immobile et calme. C'est réellement une vision miraculeuse. Les sages m'ont dit que ce lac a été un ami pour leurs ancêtres au cours des siècles.

– Quel est le "Secret du Lac"? demandai-je impatiemment.

Julian m'expliqua que les sages regardent les eaux calmes du lac et imaginent que leurs rêves deviennent réalité. S'ils souhaitent cultiver la vertu de la discipline en eux-mêmes, ils s'imaginent en train de se lever à l'aube, de faire régulièrement des exercices physiques rigoureux, et en train de passer leurs journées en silence pour renforcer leur volonté. S'ils souhaitent davantage de joie dans leur vie, ils regardent dans le lac et se voient en train de rire à perdre haleine ou de sourire chaque fois qu'ils rencontrent l'un de leurs frères ou de leurs sœurs. S'ils désirent avoir plus de courage, ils s'imaginent en train d'agir avec force dans des moments de crise et de défi.

«Yogi Raman m'a raconté une fois que, quand il était petit garçon, il manquait de confiance en lui car il était plus petit que les autres garçons de son âge. Ils étaient bons et doux avec lui, mais compte tenu du milieu dans lequel il vivait, il devint timide et anxieux. Pour se guérir de cette faiblesse, Yogi Raman se rendait jusqu'à ce coin idyllique et utilisait le lac comme un écran pour y voir des images de la personne qu'il espérait devenir. Parfois, il se visualisait comme un chef fort et grand, parlant d'une voix puissante et autoritaire. D'autres jours, il se voyait tel qu'il espérait devenir lorsqu'il serait plus vieux: un homme sage, plein d'une volonté et d'une force intérieure immenses. Toutes les vertus qu'il souhaitait posséder dans la vie, il les voyait d'abord à la surface du lac.

«Au bout de quelques mois, Yogi Raman devint la personne qu'il avait vue mentalement. Tu vois, John, l'esprit travaille par les images. Les images influent sur l'image de toi-même et l'image de toi-même influence ta façon de te sentir, ta façon d'agir et d'accomplir les choses. Si ton image de toi-même te dit que tu es trop jeune pour être un avocat qui réussit ou trop vieux pour modifier et améliorer tes habitudes, tu n'atteindras jamais tes objectifs. Si ton image de toi te dit que des vies riches de détermination, d'excellente santé et de bonheur ne sont que le lot des gens qui ont un autre bagage que le tien, cette prophétie deviendra ultérieurement ta réalité.

«Mais lorsque tu fais passer sur l'écran de ton esprit des images remplies d'inspiration et d'imagination, des choses merveilleuses commencent à se produire dans la vie. Albert Einstein a dit que "l'imagination est plus importante que la connaissance". Tu dois passer un peu de temps tous les jours, même s'il ne s'agit que de quelques minutes, à t'exercer à cette visualisation créatrice. Il faut que tu te perçoives tel que tu veux être, qu'il s'agisse de devenir un juge remarquable, un père remarquable, ou un citoyen remarquable.

– Est-ce que je dois trouver un lac spécial pour utiliser le "Secret du Lac"?» demandai-je innocemment.

– Non. Le "Secret du Lac" est simplement le nom que les sages donnent à cette technique éternelle qui consiste à utiliser des images positives pour influencer l'esprit. Tu peux te servir de cette méthode dans ta salle de séjour, ou même dans ton bureau si tu veux le faire vraiment. Verrouille ta porte, décroche le téléphone et ferme les yeux. Ensuite, prends quelques inspirations profondes. Tu remarqueras qu'après deux ou trois minutes, tu commenceras à te sentir plus détendu. Ensuite, imagine tout ce que tu veux être, avoir et obtenir dans ta vie. Si tu veux être le meilleur père du monde, imagine-toi en train de rire et de jouer avec tes enfants, de répondre à leurs questions avec un cœur sincère. Imagine-toi en train d'agir avec aisance et amour dans des situations difficiles. Exerce-toi mentalement à ta façon d'agir quand une scène similaire se déroulera dans la réalité.

«La magie de la visualisation peut être mise en pratique dans tellement de situations. Tu peux t'en servir pour être plus efficace en Cour, pour améliorer tes relations, et pour te développer spirituellement. Si tu utilises cette méthode de façon régulière, tu en retireras également des avantages financiers si cela est important pour toi. Comprends une fois pour toutes que ton esprit possède le pouvoir magnétique d'attirer dans ta vie tout ce que tu désires. S'il manque quelque chose dans ton existence, c'est qu'il manque quelque chose dans tes pensées. Garde des images merveilleuses dans ton esprit. Même une seule image négative t'empoisonnera l'esprit. Quand tu auras commencé à faire l'expérience de la joie que cette technique ancienne t'apporte, tu te rendras compte du potentiel infini que détient ton esprit et tu commenceras à libérer toutes les capacités et l'énergie qui dorment actuellement en toi.»

On aurait dit que Julian parlait une langue étrangère. Je n'avais jamais entendu quelqu'un discourir du pouvoir magnétique de l'esprit qui pouvait attirer l'abondance spirituelle et matérielle. Je n'avais jamais entendu quelqu'un parler du pouvoir de l'image et de ses effets profonds sur chacun des aspects de notre vie. Pourtant, au fond de moi-même, j'avais foi en ce que Julian disait. C'était un homme dont le jugement et les capacités intellectuelles étaient remarquables. C'était un homme qui s'était attiré le respect international pour sa perspicacité de juriste. C'était un homme qui avait déjà parcouru le chemin que j'abordais. Julian avait trouvé quelque chose au bout de son odyssée orientale, cela était clair. Il suffisait de constater sa vitalité physique, son calme évident, et son étonnante transformation pour comprendre que je serais bien avisé d'écouter ses conseils.

Plus je pensais à ce que je venais d'entendre, plus cela me semblait logique. L'esprit doit sûrement être doté de beaucoup plus de potentiel que celui que nous utilisons habituellement. Sinon, comment expliquer que des mères peuvent soulever des voitures inamovibles pour sauver leurs bébés en larmes qui sont restés pris en dessous? Sinon, comment des spécialistes des arts martiaux pouvaient-ils fracasser des piles de briques d'un seul coup du plat de leur main? Comment les yogis de l'Orient peuvent-ils ralentir les battements de leur cœur à volonté ou supporter des douleurs horribles sans un seul battement de paupière? Peut-être que le vrai problème était en moi et qu'il était attribuable au fait que je ne croyais pas aux dons que chaque être humain possède. Peut-être que cette soirée passée avec un ex-avocat millionnaire devenu moine de l'Himalaya était une sorte de réveil qui me permettrait de commencer à profiter au maximum de ma vie.

«Mais faire ces exercices au bureau, Julian?» répondis-je. «Mes associés pensent déjà que je suis assez bizarre comme cela.

– Yogi Raman et tous les bons sages avec qui j'ai vécu, utilisaient souvent un adage transmis de génération en génération. J'ai le privilège de te l'apprendre au cours de cette soirée qui est devenue importante pour nous deux, si je peux me permettre de le dire. Les paroles sont les suivantes: "Être supérieur à une autre personne n'a rien de noble. La vraie noblesse consiste à être supérieur à celui que vous étiez." Tout ce que j'essaie de te dire, c'est que si tu veux améliorer ta vie et vivre avec tout ce que tu mérites, tu dois *courir ta propre course*. Ce que les autres pensent de toi n'a aucune importance. Ce qui est important, c'est ce que tu te dis à toi-même. Ne te préoccupe pas du jugement des autres, du moment que toi tu sais que ce que tu fais est bien. Tu peux faire n'importe quoi du moment que ta conscience et ton cœur sont d'accord. N'aie jamais honte de faire ce qui est juste; décide ce qui est bien et tiens-toi à ta décision. Mais pour l'amour du ciel, ne tombe jamais dans cette habitude mesquine de mesurer ta valeur en te comparant aux autres. Comme le disait Yogi Raman: "Chaque seconde que tu passes à penser au rêve d'un autre t'empêche de penser à ton propre rêve."»

Il était maintenant minuit sept. Je ne me sentais absolument pas fatigué, c'était remarquable. Quand j'eus confié cela à Julian, il me sourit encore une fois. «Tu as appris encore un autre principe de la vie éclairée. La plupart du temps, la fatigue est une création de l'esprit. La fatigue domine les vies de ceux qui vivent sans but et sans rêve. Laisse-moi te donner un exemple. As-tu jamais passé un après-midi au bureau durant lequel tu lisais tes rapports ardus et, soudain, ton esprit s'est mis à vagabonder et tu as commencé à avoir sommeil?

– De temps en temps», répondis-je, ne voulant pas révéler que tel était mon *modus operandi*. «Bien sûr, la plupart somnolent au travail de façon régulière.

– Pourtant, si un ami te téléphone pour te demander si tu veux aller voir un match de football ce soir-là ou te demande ton avis sur sa partie de golf, je n'ai aucun doute que tu reviens à la vie. Toute trace de fatigue disparaît. Est-ce que cela te semble exact?

– C'est assez vrai, maître.»

Julian savait qu'il était bien parti. «Donc, ta fatigue n'est rien d'autre qu'une création mentale, une mauvaise habitude que ton esprit a cultivée pour te servir de béquille lorsque tu fais quelque chose d'ennuyeux. Ce soir, tu es visiblement enchanté par mon histoire et impatient d'acquérir la sagesse qui m'a été révélée. Ton intérêt et ta stimulation mentale te donnent de l'énergie. Ce soir, ton esprit ne s'est pas évadé dans le passé, pas plus qu'il ne s'est précipité dans le futur. Il est resté constamment concentré sur le présent, sur notre conversation. Lorsque tu maintiendras régulièrement ton esprit dans le présent, tu auras toujours une énergie sans borne, quelle que soit l'heure qu'indique ta montre.»

J'approuvai en hochant de la tête. La sagesse de Julian était tellement évidente, et pourtant, la majeure partie de ces choses ne m'était jamais venue à l'esprit. Je suppose que le bons sens n'est pas chose très courante. J'ai pensé à mon père qui avait l'habitude de me dire quand je grandissais: «Seuls ceux qui cherchent trouveront.» J'aurais voulu qu'il soit à mes côtés en ce moment.

Chapitre 7
Résumé de l'activité • La sagesse de Julian en peu de mots

Le symbole	

La vertu

Maîtrisez votre esprit

La sagesse

- Cultivez votre esprit, il s'épanouira au-delà de vos attentes
- La qualité de votre vie est déterminée par la qualité de vos pensées
- Il n'y a pas d'erreurs, il n'y a que des leçons. Percevez les échecs comme des occasions de développement personnel et de croissance spirituelle

Les techniques

- Le Cœur de la Rose
- La Pensée Opposée
- Le Secret du Lac

Citation à citer

« Le secret du bonheur est simple : trouvez ce que vous aimez réellement faire et ensuite dirigez toute votre énergie vers cette activité. Quand vous ferez cela, l'abondance coulera dans votre vie et tous vos désirs se réaliseront avec aisance et facilité. »

Le Moine qui vendit sa Ferrari

CHAPITRE HUIT

Allumez votre feu intérieur

Ayez confiance en vous. Créez le genre de vie qui vous rendra heureux toute votre vie. Maximisez toutes vos capacités en soufflant sur les minuscules étincelles intérieures des possibilités pour attiser les flammes de l'accomplissement.

Foster C. McClellan

«Le jour où Yogi Raman m'a raconté cette petite fable mystique, sur les sommets de l'Himalaya, était en fait tout à fait similaire à celui-ci par bien des aspects», dit Julian.

– Vraiment?

– Notre entrevue a commencé dans la soirée et nous avons continué bien avant dans la nuit. Il y avait de telles affinités entre nous deux que l'air semblait plein de crépitements électriques. Comme je te l'ai déjà dit, dès le premier instant où j'ai rencontré Raman, j'ai senti qu'il était le frère que je n'avais jamais eu. Ce soir, tandis que je suis assis ici avec toi et que l'expression intriguée de ton visage m'amuse, je ressens la même énergie et les mêmes liens. Je dois aussi te dire que, depuis que nous sommes devenus amis, j'ai toujours pensé à toi comme à mon petit frère. Pour te dire la vérité, je retrouve beaucoup de choses de moi en toi.

– Tu étais un avocat extraordinaire, Julian. Je n'oublierai jamais ton efficacité.»

Il était évident qu'il n'était absolument pas intéressé à explorer le musée de son passé.

«John, je voudrais continuer à partager avec toi les éléments de la fable de Yogi Raman, mais avant de le faire, je dois m'assurer de quelque chose. Tu as déjà appris un certain nombre de stratégies extrêmement efficaces pour effectuer des changements personnels qui feront merveille pour toi si tu les mets en pratique régulièrement. Je veux t'ouvrir mon cœur ce soir et te révéler tout ce que je sais, comme il est de mon devoir de le faire. Je veux simplement m'assurer que tu comprends parfaitement à quel point il est important que toi, à ton tour, tu propages cette sagesse à tous ceux qui sont à la recherche d'une telle orientation. Nous vivons dans une société très perturbée. La négativité a tout envahi et un grand nombre de personnes dans notre société sont en train de flotter comme des bateaux privés de gouvernail, ce sont des âmes lasses qui cherchent le phare qui les empêchera de s'écraser contre les rochers de la côte. Tu dois leur servir en quelque sorte de capitaine. Je te fais confiance pour que tu portes le message des Sages de Sivana à tous ceux qui en ont besoin.»

Après avoir réfléchi, je promis à Julian avec conviction que j'acceptais cette mission. Il continua ensuite passionnément: «La beauté de tout cet exercice est que, à mesure que tu essaies d'améliorer la vie des autres, ta propre vie est élevée jusqu'à ses dimensions les plus hautes. Cette vérité est fondée sur un paradigme ancien permettant de mener une vie extraordinaire.

– Je suis tout ouïe.

– Au fond, les sages de l'Himalaya mènent leur vie selon une règle très simple: celui qui sème le plus récolte le plus, émotivement, physiquement, mentalement et spirituellement.

C'est là le chemin qui mène à la paix intérieure et à l'épanouissement extérieur.»

J'ai lu un jour que les gens qui étudient les autres sont sages, mais que ceux qui s'étudient eux-mêmes sont éclairés. Ici, peut-être pour la première fois, je voyais un homme qui se connaissait vraiment bien lui-même, peut-être même dans ses dimensions les plus élevées. Dans ses vêtements austères, le demi-sourire du jeune Bouddha voltigeant sur ses lèvres, Julian Mantle semblait posséder tout: la santé idéale, le bonheur et le sentiment prédominant de bien connaître son rôle dans le kaléidoscope de l'univers. Pourtant, il ne possédait rien.

«Voilà qui m'amène au phare», dit Julian, toujours concentré sur la tâche qu'il s'était fixée.

– Je me demandais quel rôle cela jouerait dans la fable de Yogi Raman.

– Je vais essayer de te l'expliquer», répondit-il, beaucoup plus sur le ton d'un professeur érudit que d'un avocat transformé en moine qui avait renoncé au monde de la sensualité. «Tu as appris maintenant que l'esprit est comme un jardin fertile et que, pour qu'il fleurisse, tu dois le nourrir quotidiennement. Ne laisse jamais les mauvaises herbes des pensées et des actes impurs envahir le jardin de ton esprit. Sois comme une sentinelle à la porte de ton esprit. Garde-le sain et fort, il fera des miracles dans ta vie si tu le laisses faire.

«Tu te rappelleras qu'au milieu du jardin se trouvait un phare magnifique. Ce symbole te rappellera un autre principe ancien de la vie édifiante: *le but de la vie est de mener une vie qui a un but*. Ceux qui sont réellement éclairés savent ce qu'ils veulent de la vie, du point de vue émotionnel, matériel, physique et spirituel. Des priorités et des buts clairement définis pour chaque aspect de ta vie joueront le rôle du phare, c'est-à-dire qu'ils t'offriront une orientation et un refuge lorsque la mer sera déchaînée. Vois-tu, John, nous pouvons tous révolution-

ner notre vie à partir du moment où nous changeons radicalement la direction dans laquelle nous nous déplaçons. Mais si
tu ne sais même pas où tu vas, comment sauras-tu que tu es
arrivé?»

Julian me ramena à l'époque où Yogi Raman examinait ce
principe avec lui. Il me cita avec exactitude les paroles du
sage. «La vie est drôle», observa Yogi Raman. «On pourrait
penser que moins on travaille, plus on a de chances d'être
heureux. Cependant, la vraie source du bonheur peut être décrite en un mot: *accomplissement*. Le bonheur durable vient
lorsqu'on travaille régulièrement en vue d'accomplir ses objectifs et que l'on avance avec confiance dans la direction des
buts de sa vie. C'est là le secret qui permet d'aviver le feu intérieur qui sommeille en chacun de nous. Je peux comprendre
qu'il peut te sembler assez ironique à toi, qui as quitté une société axée sur l'accomplissement et qui as fait des milliers de
kilomètres pour aller parler à un petit groupe de sages mystiques vivant dans les hauteurs de l'Himalaya, d'apprendre
qu'on peut trouver dans l'accomplissement un autre secret du
bonheur éternel, mais cela est vrai.

– Des moines obsédés par le travail?» dis-je en plaisantant.

– C'est tout à fait le contraire, même si les sages sont des
gens extrêmement productifs, leur productivité n'est pas du
genre frénétique. Au lieu de cela, c'est une productivité paisible, concentrée, zen.

– Qu'est-ce que tu veux dire?

– Tout ce qu'ils font a un but. Bien qu'ils vivent loin du
monde moderne et qu'ils mènent une existence hautement
spirituelle, ils sont également très efficaces. Certains d'entre
eux passent leurs journées à peaufiner des traités philosophiques, d'autres créent des poèmes fabuleux d'une grande richesse qui stimulent leur intelligence et leur créativité.

D'autres encore passent leur temps plongés dans une contemplation silencieuse, telles des statues figées dans l'ancienne pose du lotus. Les Sages de Sivana ne perdent pas leur temps. Leur conscience collective leur dit que la vie a un but et qu'ils ont un devoir à accomplir.

«Voilà ce que me dit Yogi Raman: "Ici, à Sivana, où le temps semble avoir suspendu son vol, tu peux te demander ce qu'un groupe de sages simples, dénués de toutes possessions, peuvent espérer accomplir ou même en éprouver le besoin. Mais l'accomplissement n'est pas nécessairement d'ordre matériel. En ce qui me concerne, mes objectifs sont d'atteindre la paix de l'esprit, la maîtrise de moi-même et l'édification. Si je n'atteins pas ces objectifs à la fin de ma vie, je suis certain que je mourrai insatisfait et frustré."»

Julian me dit que c'était la première fois qu'il entendait l'un de ses maîtres à Sivana parler de sa mortalité. «Et Yogi Raman a senti cela. "Ne t'inquiète pas, mon ami. J'ai déjà vécu plus de cent ans et je n'ai pas l'intention de mourir bientôt. Ce que j'essaie de te dire simplement, c'est que quand tu sais clairement quels sont les buts que tu souhaites accomplir durant ta vie, qu'ils soient matériels, émotionnels, physiques ou spirituels, et que tu passes tes journées à les réaliser, tu trouves finalement la joie éternelle. Ta vie sera alors aussi délicieuse que la mienne, et tu connaîtras une réalité splendide. Mais tu dois savoir quel est le but de ta vie, et ensuite tu dois transformer cette vision en réalité au moyen d'actes cohérents. Nous autres sages, nous appelons cela *Dharma*, qui est le mot sanskrit pour *"but de la vie"*.

– Si j'accomplis mon *Dharma*, je serai heureux toute ma vie?» demandai-je.

– Absolument. L'harmonie intérieure et la satisfaction durable naissent du *Dharma*. Le *Dharma* est fondé sur le principe ancien selon lequel chacun de nous est chargé d'une mission héroïque sur cette terre. Nous avons tous reçu des dons et des talents uniques qui nous permettent facilement de réaliser l'œuvre de notre vie. La clé consiste à les découvrir et, ce faisant, à découvrir l'objectif principal de notre vie.»

J'interrompis Julian: «C'est comme ce que tu me disais tout à l'heure au sujet des risques qu'il faut prendre.

– Peut-être que oui, peut-être que non.»

– Je ne te suis pas.

– Oui, on pourrait dire que tu es forcé de prendre quelques risques pour découvrir ce que tu fais le mieux et quel est le but essentiel de ta vie. Des tas de gens quittent des postes qui ont entravé leurs progrès au moment où ils découvrent le vrai but de leur existence. Il y a toujours le risque apparent qui accompagne l'examen de soi et de son âme. D'autre part, se découvrir et détecter sa mission dans la vie ne comprend jamais aucun risque. Se connaître, c'est le b.a.-ba de l'édification. C'est une très bonne chose et même une chose essentielle.»

– Quel est ton *Dharma*, Julian?» lui demandai-je, l'air indifférent, en essayant de masquer ma curiosité brûlante.

– Mon *Dharma* est très simple: servir les autres en m'oubliant. Rappelle-toi que tu ne trouveras pas la vraie joie dans le sommeil, dans la détente ou dans les loisirs. Comme l'a dit Benjamin Disraeli: "La constance dans l'accomplissement est le secret du succès." Le bonheur que tu cherches viendra grâce à la réflexion sur les buts valables auxquels tu te consacreras et, ensuite, aux initiatives que tu prendras quotidiennement pour y arriver. C'est là l'application directe de cette philosophie éternelle qui prescrit que les choses qui sont les plus importantes ne doivent jamais être sacrifiées aux choses qui le sont moins. Le phare dans la fable de Yogi Raman te rappellera toujours qu'établir clairement ses priorités est une source de pouvoir, et que ce pouvoir augmente avec la volonté de les réaliser.»

Durant les quelques heures suivantes, j'appris de Julian que toutes les personnes hautement développées qui ont réalisé leur potentiel comprennent l'importance d'explorer leurs talents, de découvrir leur but personnel, et d'utiliser ensuite leurs talents pour atteindre ce but. Certaines personnes servent l'humanité comme médecins, d'autres en tant qu'artistes. D'autres personnes découvrent qu'elles ont le don de la communication et deviennent des professeurs merveilleux, tandis que d'autres encore constatent que leur don consiste à innover dans le domaine des affaires ou de la science. Il est essentiel d'avoir la discipline et la vision nécessaires pour percevoir sa mission héroïque, et ensuite faire en sorte qu'elle serve à d'autres personnes pendant qu'on s'en acquitte.

«Est-ce une façon de se fixer des objectifs?

– C'est le point de départ. Déterminer ses objectifs libère la créativité qui te mène sur le chemin de l'accomplissement de ton but. Crois-le ou pas, Yogi Raman et les autres sages accordaient une très grande importance aux buts.

– Tu plaisantes. Des moines très efficaces qui vivent sur les sommets de l'Himalaya, qui méditent toute la nuit et qui se fixent des objectifs toute la journée? J'adore ça!

– John, il faut toujours juger d'après les résultats. Regarde-moi. Parfois, je ne me reconnais pas moi-même quand je me regarde dans une glace. Mon ancienne existence frustrante a été remplacée par une vie riche d'aventures, de mystères et d'excitation. Je suis jeune de nouveau et je jouis d'une santé éclatante. Je suis réellement heureux. La sagesse que je partage avec toi est *tellement* puissante et *tellement* importante et *tellement* pleine de vie que tu dois absolument lui ouvrir ton esprit.

– C'est ce que je fais, Julian, vraiment. Tout ce que tu m'as dit me semble parfaitement logique, même si certaines des techniques ont l'air un peu bizarres. Mais je t'ai promis de les essayer et je le ferai. Je conviens avec toi que tes explications m'ont l'air très convaincantes.

– Si j'ai vu plus loin que les autres, c'est simplement que je me suis hissé sur les épaules de grands maîtres», répliqua Julian avec humilité. «Voici un autre exemple. Yogi Raman était un archer expert, un vrai maître. Pour illustrer sa philosophie sur l'importance d'établir des objectifs clairement définis pour chaque aspect de sa vie et d'accomplir sa mission, il m'a fait une démonstration inoubliable.

«Près de l'endroit où nous étions assis, se trouvait un chêne magnifique. Le sage tira une des roses de la guirlande de fleurs qu'il portait habituellement autour du cou et la plaça au centre du tronc. Ensuite, il sortit trois objets du grand havresac qui était son constant compagnon lorsqu'il s'aventurait vers des sommets tels que celui où nous étions. Le premier objet était son arc préféré, fait d'un bois de santal merveilleusement parfumé mais robuste. Le deuxième objet était une flèche. Le troisième objet était un mouchoir blanc comme la neige, le genre que j'avais l'habitude de porter dans la poche de mes costumes luxueux pour impressionner les juges et les jurés», ajouta Julian en ayant l'air de s'excuser. Yogi Raman demanda ensuite à Julian de lui bander les yeux avec son mouchoir.

«À quelle distance de la rose est-ce que je me trouve?», demanda Yogi Raman à son disciple.

– À trente mètres», estima Julian.

– M'as-tu jamais observé lorsque je m'entraîne tous les jours au tir à l'arc?» demanda le sage, sachant parfaitement la réponse qu'il recevrait.

– Je t'ai vu faire mouche à quatre-vingt-dix mètres et je ne peux pas me souvenir d'une seule fois où tu as manqué ta cible lorsque tu étais à la distance où tu te trouves actuellement», répondit Julian, respectueusement.

Ensuite, les yeux couverts par le mouchoir et les pieds fermement plantés par terre, le maître tira sur l'arc avec toute son énergie et libéra la flèche, visant directement la rose qui pendait de l'arbre. La flèche alla se ficher dans le tronc du vaste chêne avec un bruit sourd, très loin du but.

«Je croyais que tu allais me montrer tes capacités magiques, Yogi Raman. Qu'est-il arrivé?

– Nous sommes venus jusqu'à cet endroit isolé pour une seule raison. Je t'ai dit que j'allais te révéler toute ma sagesse. La démonstration d'aujourd'hui sert à renforcer mes conseils sur l'importance d'établir des objectifs clairement définis dans ta vie et à savoir précisément où tu vas. Ce que tu viens de voir confirme le principe le plus important pour toute personne qui cherche à atteindre des objectifs et à réaliser les buts de sa vie: *Tu ne pourras jamais atteindre une cible que tu ne vois pas.* Les gens passent toute leur vie à rêver de bonheur, d'une vie plus pleine de vitalité et de passion. Pourtant, ils ne voient pas à quel point il est important de prendre une dizaine de minutes par mois pour noter leurs buts et pour réfléchir profondément à la signification de leur vie, à leur *Dharma*. Établir des buts fera de ta vie une vie magnifique. Ton monde deviendra plus riche, plus délicieux et plus magique.

«Vois-tu, Julian, nos ancêtres nous ont appris qu'établir des buts clairement définis pour ce que nous désirons dans notre monde mental, physique et spirituel, est capital pour leur réalisation. Dans le monde d'où tu viens, les gens se fixent des buts financiers et matériels. Il n'y a rien de mal à cela, si c'est ce qui est important pour eux. Cependant, pour arriver à la maîtrise de soi et à l'édification intérieure, tu dois te fixer des objectifs concrets dans d'autres domaines également. Serais-tu surpris d'apprendre que j'ai des objectifs clairement définis en ce qui concerne la paix de l'esprit que je désire, l'énergie que j'apporte à vivre chaque journée et l'amour que j'offre à tous ceux qui m'entourent? Se fixer des objectifs n'est pas l'apanage d'avocats distingués tels que toi-même qui vivent dans un monde plein d'attraits matériels. Quiconque souhaite améliorer la qualité de sa vie intérieure comme de sa vie extérieure ferait bien de noter sur une feuille de papier les buts de sa vie. Au moment même où cela est fait, les forces naturelles entrent en jeu et commencent à transformer ces rêves en réalité.»

Ce que j'entendais me fascinait. Lorsque j'étais un joueur de football à l'école secondaire, mon moniteur parlait toujours de l'importance de savoir ce qu'on voulait accomplir au cours de chaque partie. «Il faut que tu connaisses ton résultat», était sa devise personnelle. Et notre équipe n'aurait jamais rêvé de mettre le pied sur le terrain sans avoir établi clairement le plan qui nous mènerait à la victoire. Je me suis demandé pourquoi, quand je devins plus âgé, je n'avais jamais pris le temps de dresser un plan pour ma propre vie. Julian et Yogi Raman avaient peut-être raison sur ce point.

«Qu'y a-t-il de tellement spécial dans le fait de noter ses objectifs sur une feuille de papier? Comment un acte aussi simple peut-il faire une telle différence?» lui demandai-je.

Julian fut enchanté. «Ton intérêt évident m'inspire, John. Ton enthousiasme est l'un des ingrédients clés d'une vie de succès. Je suis content de voir que tu l'as gardé. Je t'ai appris tout à l'heure qu'environ 60 000 pensées nous traversent l'esprit au cours d'une journée ordinaire. En mettant tes désirs et tes objectifs sur une feuille de papier, tu agites un drapeau rouge devant ton inconscient pour lui dire que cette pensée est beaucoup plus importante que les 59 999 autres. Ton esprit commencera alors à chercher toutes les occasions de réaliser ta destinée, comme un missile téléguidé. C'est vraiment un processus très scientifique. La plupart d'entre nous n'en sont pas conscients.

– Quelques-uns de mes associés accordent beaucoup d'importance à l'établissement des objectifs. À bien y penser,

je ne connais personne qui réussisse mieux qu'eux financièrement. Mais je ne crois pas qu'ils soient très équilibrés», fis-je
observer.

— Ils ne se fixent peut-être pas de bons buts. Vois-tu, John,
la vie te donne pratiquement tout ce que tu lui demandes. La
plupart des gens veulent se sentir mieux, avoir plus d'énergie,
ou vivre avec de plus grandes satisfactions. Pourtant, lorsque
tu leur demandes de te dire précisément ce qu'ils veulent, ils
n'ont pas de réponse. Tu changes ta vie du moment où tu éta-
blis tes objectifs et tu commences à chercher ton *Dharma*», dit
Julian, les yeux étincelants de vérité.

— As-tu jamais rencontré quelqu'un dont le nom est
étrange et ensuite remarqué que ce nom apparaît partout:
dans les journaux, à la télévision, ou au bureau? Ou ne t'es-tu
jamais intéressé à un nouveau domaine, par exemple la pêche
au lancer, et puis tu as remarqué que tu ne pouvais aller nulle
part sans entendre parler des merveilles de la pêche au lancer?
Ce n'est qu'une illustration du principe éternel que Yogi Raman appelle *joriki*; j'ai appris depuis que cela veut dire "concentration de l'esprit". Concentre chaque gramme de ton
énergie mentale pour te découvrir toi-même, découvre les
choses dans lesquelles tu excelles, ce qui te rend heureux. Tu
exerces peut-être la profession d'avocat mais, en réalité, tu aurais dû être un enseignant, étant donné ta patience et ton
amour de l'enseignement. Peut-être que tu es un peintre ou un
sculpteur frustré. Quelle qu'elle soit, trouve ta passion et puis
donne-lui libre cours.

— À bien y penser, il serait vraiment triste que j'arrive à la
fin de ma vie sans m'apercevoir de mon génie spécial qui
m'aurait permis de libérer mon potentiel et d'aider les autres,
si peu que ce soit.

— Tu as raison. Donc dès maintenant, sois extrêmement
conscient de ton but dans la vie. Éveille ton esprit à l'abondance des possibilités qui t'entourent. Commence à vivre avec

plus de brio. L'esprit humain est le plus grand appareil de filtrage qui existe. Lorsqu'on l'utilise comme il se doit, il filtre ce que tu perçois comme peu important et te donne uniquement l'information que tu cherches à ce moment-là. En cet instant même, alors que nous sommes assis ici dans ta salle de séjour, des centaines, sinon des milliers de choses, se passent auxquelles nous ne faisons absolument pas attention. Les amoureux pouffent de rire en se promenant le long de la jetée. Puis, il y a les poissons rouges dans l'aquarium, l'air frais que le climatiseur souffle dans la pièce, et même les battements de mon propre cœur. Au moment où je décide de me concentrer sur les battements de mon cœur, je commence à en remarquer le rythme et les qualités. De même, quand tu décides de concentrer ton esprit sur les objectifs principaux de ta vie, ton esprit commence à filtrer tout ce qui est sans importance et à se préoccuper uniquement de ce qui est important.

– Pour te dire la vérité, je crois qu'il est temps que je découvre quel est mon but dans la vie?» dis-je. «Ne te méprends pas, il y a un tas de choses formidables dans ma vie. Mais ça ne me donne pas autant de satisfaction que cela devrait le faire. Si je quittais ce monde aujourd'hui, je ne pourrais vraiment pas dire avec certitude que mon passage sur cette terre a fait une grande différence.

– Quel sentiment est-ce que cela suscite en toi?

– Ça me déprime», dis-je avec une honnêteté totale. «Je sais que j'ai du talent. En réalité, j'étais un très bon peintre quand j'étais plus jeune, jusqu'au moment où la profession d'avocat m'a souri en me promettant une vie plus stable.

– Est-ce que tu aurais aimé devenir peintre?

– Je n'y ai pas vraiment beaucoup pensé, mais je te dirai une chose: quand je peignais, j'étais au paradis.

– Tu aimais vraiment beaucoup ça, hein?

– Oui, tout à fait. Je perdais toute notion du temps lorsque j'étais en train de peindre dans mon studio. Je me perdais dans la toile. C'était une vraie libération pour moi. C'est comme si je transcendais le temps et que je passais dans une autre dimension.

– John, c'est ça le pouvoir de concentrer ton esprit sur une activité que tu aimes. Gœthe a dit que "nous sommes modelés et formés par ce que nous aimons". Ton *Dharma*, c'est peut-être d'égayer le monde avec des scènes ravissantes. Commence au moins à peindre un petit peu chaque jour.

– Et si je mettais cette philosophie en pratique quant à des choses moins ésotériques que la transformation de ma vie?» lui dis-je en souriant.

– Ce serait bien», répliqua Julian. «Comme quoi?

– Disons que l'un de mes buts, bien qu'il s'agisse d'un but mineur, consiste à me débarrasser de ce bourrelet que j'ai autour de la taille. Par où devrais-je commencer?

– Ne sois pas gêné. On maîtrise l'art de l'établissement des objectifs en commençant petit.

– Un voyage de mille kilomètre commence par un seul pas?» dis-je intuitivement.

– Précisément. Et lorsqu'on accomplit bien les petites choses, cela nous prépare pour les grandes. Donc, pour répondre clairement à ta question, il n'y a rien de mal à se fixer toutes sortes de petits objectifs en attendant de planifier les grands.»

Julian me dit que les Sages de Sivana avaient créé une méthode en cinq étapes pour atteindre leurs objectifs et réaliser les buts de leur vie. Elle était simple, pratique, et donnait des résultats. La première étape consistait à se faire une image mentale très claire du résultat. S'il s'agissait de perdre du poids, Julian me dit que tous les matins, immédiatement après mon réveil, je devais m'imaginer comme un homme mince, en forme, plein de vitalité et débordant d'énergie. Plus cette image mentale serait claire, plus le processus serait efficace. Il me dit que l'esprit était l'ultime siège du pouvoir et que cet acte de «visualisation» de mon objectif ouvrirait la porte à la réalisation de ce désir. À la deuxième étape, il fallait faire pression sur soi-même de façon positive.

«La raison principale pour laquelle les gens ne persévèrent pas dans leurs résolutions, c'est qu'il est trop facile de retomber dans les vieilles habitudes. Faire pression n'est pas toujours une mauvaise chose. Faire pression peut nous inspirer à accomplir de grandes choses. En général, quand les gens ont le dos au mur, ils accomplissent des choses magnifiques et ils sont obligés de faire appel au potentiel humain qui dort en eux.

– Comment puis-je créer cette pression positive sur moi-même?» lui demandai-je en pensant maintenant aux possibilités d'appliquer cette méthode à tous les aspects de ma vie, en commençant par me lever plus tôt et en finissant par être un père plus patient et plus aimant.

– Il existe toutes sortes de façons de le faire, une des meilleures est de prendre l'engagement publiquement. Dis à tous les gens que tu connais que tu vas perdre ces kilos en trop, ou écrire ce roman, ou n'importe quelle autre chose que tu choisis comme but. Une fois que tu as annoncé au monde ton but, il y aura instantanément beaucoup de pression sur toi pour que tu l'atteignes, étant donné que personne n'aime avoir l'air d'un raté. À Sivana, les maîtres utilisaient des façons plus spectaculaires pour créer cette pression positive dont je parle. Ils se déclaraient les uns aux autres que s'ils ne tenaient pas leurs engagements, tels que jeûner durant une semaine, ou se lever tous les jours à quatre heures du matin pour méditer, ils descendraient jusqu'à la chute d'eau glacée et se tiendraient dans l'eau jusqu'à ce que leurs bras et leurs jambes soient engourdis. C'est une illustration plutôt extrême du pouvoir que peut exercer cette pression sur la création de bonnes habitudes et l'accomplissement des objectifs.

– "Extrême" me semble être bien au-dessous de la vérité, Julian. Quel rituel bizarre!

– Extrêmement efficace en tout cas. L'objet en est simple: lorsque tu exerces ton esprit à associer le plaisir avec de bonnes habitudes et les punitions avec les mauvaises, tes faiblesses disparaissent rapidement.

– Tu as dit qu'il y avait cinq étapes à suivre pour faire de mes désirs des réalités», dis-je impatiemment. «Quelles sont les trois autres étapes?

– La première étape consiste à avoir une vision très claire du résultat que tu souhaites. La deuxième est de créer une pression positive afin de continuer à t'inspirer. La troisième est simple: ne te fixe jamais un but sans lui donner une échéance. Pour concrétiser ton but, tu dois lui donner une date précise. C'est comme lorsque tu prépares tes causes pour la Cour, tu te concentres toujours sur celles que le juge a prévu d'entendre le lendemain plutôt que sur celles auxquelles on n'a pas attribué de date.

– Oh, et à propos», expliqua Julian, «n'oublie pas qu'un but qui n'est pas inscrit sur le papier n'est pas un but du tout. Va t'acheter de quoi rédiger un journal intime, un bloc-notes bon marché à spirale fera l'affaire. Tu peux l'appeler ton *Livre des Rêves* et le remplir de tous tes désirs, tes objectifs et tes rêves. Apprends à te connaître et à bien te connaître.

– Est-ce que je ne me connais pas déjà?

– La plupart des gens ne se connaissent pas. Ils n'ont jamais pris le temps de détecter leurs forces, leurs faiblesses, leurs espoirs, leurs rêves. Les Chinois définissent l'image en ces termes: il y a trois miroirs qui forment le reflet d'une personne; le premier nous renvoie la façon dont nous nous voyons, le deuxième la façon dont les autres nous perçoivent, et le troisième la réalité. Apprends à te connaître, John. Apprends à connaître la vérité.

– Divise ton *Livre des Rêves* en sections distinctes pour les objectifs qui ont trait aux différents aspects de ta vie. Par exemple, tu pourrais avoir des sections pour ta forme physique, tes buts financiers, ton épanouissement personnel, tes relations et tes buts sociaux, et peut-être, plus important encore, tes buts spirituels.

– Hé, ça a l'air amusant! Je n'ai jamais pensé à faire quelque chose d'aussi créatif pour moi-même. Je devrais vraiment commencer à me mettre plus souvent au défi», dis-je.

– Je suis d'accord. Une autre technique particulièrement efficace que j'ai apprise est de remplir ton *Livre des Rêves* d'images de gens qui ont cultivé les capacités, les talents et les qualités que tu espères imiter. Pour en venir à toi et à ton "bourrelet autour de la taille", si tu veux perdre du poids et être dans une forme physique superbe, colle l'image d'un coureur de marathon ou d'un athlète dans ton *Livre des Rêves*. Si tu veux être le meilleur mari du monde, pourquoi ne pas découper l'image de quelqu'un qui représente cela, peut-être celle de ton père, et la mettre dans ton journal à la section des relations? Si tu rêves d'un château au bord de la mer ou d'une voiture sport, trouve une image de ces objets qui t'inspire et utilise-la pour ton *Livre des Rêves*. Ensuite, revois ce livre quotidiennement, même quelques minutes seulement. Fais-en un ami. Les résultats te surprendront.

– Ce sont des trucs assez révolutionnaires, Julian. Je veux dire, bien que ces idées existent depuis des siècles, tous les gens que je connais aujourd'hui pourraient améliorer la qualité de leur vie quotidienne en n'appliquant que quelques-unes d'entre elles. Ma femme aimerait beaucoup avoir un

Livre des Rêves. Elle le remplirait probablement d'images de moi sans mon fameux bedon.»

– Il n'est pas tellement gros», dit Julian d'un ton consolateur.

– Alors, pourquoi Jenny m'appelle-t-elle monsieur Michelin?» dis-je avec un grand sourire.

Julian se mit à rire. Je dus me joindre à lui. Bientôt, nous étions tous les deux en train de hurler de rire sur le sol.

«Si on ne peut pas se moquer de soi, de qui peut-on se moquer?» dis-je en continuant à pouffer.

– C'est très vrai, mon ami. Quand j'étais enchaîné à mon ancien mode de vie, un de mes problèmes principaux c'était que je prenais la vie trop au sérieux. Maintenant, je prends davantage la vie comme un jeu, comme un enfant. J'apprécie tous les dons de la vie, si petits soient-ils.

– Mais je m'égare. J'ai tellement de choses à te dire et tout me vient aux lèvres à la fois. Retournons à la méthode en cinq étapes pour atteindre tes objectifs et les concrétiser. Une fois que tu as formé une image mentale claire du résultat que tu veux obtenir, que tu as créé un peu de pression, que tu as fixé une échéance et que tu en as noté les détails sur papier, l'étape suivante est celle que Yogi Raman appelle la *Règle magique des 21*. Les hommes et les femmes érudits de son monde croyaient que, pour qu'un *nouveau comportement se cristallise et devienne une habitude, il faut répéter la nouvelle activité durant 21 jours d'affilée.*

– Qu'est-ce qui rend ces 21 jours tellement spéciaux?

– Les sages étaient les maîtres absolus pour ce qui est de créer de nouvelles habitudes plus satisfaisantes, qui gouvernaient la conduite de leur vie. Yogi Raman m'a dit qu'une fois acquises, les mauvaises habitudes ne peuvent être éliminées.

– Mais tu as passé toute la soirée à m'inspirer pour que je change ma façon de mener ma vie. Comment puis-je faire cela si je ne peux jamais éliminer aucune de mes mauvaises habitudes?

– J'ai dit que les mauvaises habitudes ne peuvent jamais être éliminées. Je n'ai pas dit que les habitudes négatives ne pouvaient pas être remplacées», dit Julian en précisant.

– Oh, Julian, tu es toujours le roi de la sémantique, mais je crois que je vois ce que tu veux dire.

– La seule façon d'installer en permanence une nouvelle habitude est de diriger tellement d'énergie vers ce but que la vieille habitude disparaît comme une invitée qui n'est pas la bienvenue. La mise en place est généralement terminée au bout de 21 jours, le temps qu'il faut pour créer un nouveau trajet neuronal.

– Supposons que je veuille commencer à m'exercer à la technique du Cœur de la Rose pour effacer l'habitude de m'inquiéter et vivre d'une façon plus paisible. Est-ce que je dois m'exercer à cette technique tous les jours à la même heure?

– Bonne question. La première chose que je te dirai, c'est que tu ne *dois jamais* faire quelque chose. Tout ce dont je te parle ici ce soir, je te l'offre comme un ami qui est sincèrement intéressé par ta croissance et ton épanouissement. Chaque stratégie, chaque outil et chaque technique a été mis à l'épreuve depuis très longtemps et on a pu en vérifier l'efficacité et les résultats. Je peux te garantir cela. Et, bien que mon cœur me dise que je devrais t'implorer d'essayer toutes les méthodes des sages, ma conscience me dit de suivre simplement mon devoir et de partager cette sagesse avec toi, en te laissant libre de sa mise en application. Ce que je veux dire c'est: ne fais jamais quelque chose parce que tu dois le faire. La seule raison pour laquelle il faut faire les choses, c'est parce que nous voulons les faire et parce que nous savons qu'elles sont bonnes.

– Ça m'a l'air raisonnable, Julian. Ne t'inquiète pas, je n'ai pas senti un seul instant que tu m'obligeais à faire quoi que ce soit en me poussant dans le dos. De toute façon, la seule chose que l'on peut m'obliger à faire ces jours-ci, c'est de me faire avaler une boîte de beignets et il ne faudrait pas insister beaucoup», dis-je en plaisantant.

Julian eut un petit sourire. «Merci mon vieux. Maintenant, pour répondre à ta question, je suggère que tu essaies la méthode du Cœur de la Rose à la même heure et au même endroit tous les jours. Les rituels ont un pouvoir énorme. Les sportifs qui mangent le même repas ou qui nouent leurs lacets de la même façon avant un grand match font appel au pouvoir du rituel. Les membres d'une congrégation religieuse qui s'acquittent des mêmes rites, portent les mêmes robes, utilisent le pouvoir du rituel. Même les gens d'affaires qui prennent le même chemin ou qui disent les mêmes choses avant une grande présentation utilisent le pouvoir du rituel. Tu vois, lorsque tu intègres n'importe quelle activité dans ta routine quotidienne en faisant la même chose au même moment chaque jour, cela devient rapidement une habitude.

«Par exemple, la plupart des gens font la même chose quand ils se réveillent, sans même y penser. Ils ouvrent les yeux, se lèvent du lit, vont à la salle de bain et se brossent les dents. Donc, si tu répètes ton nouvel objectif durant 21 jours, et que tu t'acquittes de cette nouvelle activité à la même heure durant ces 21 jours, tu l'auras intégrée dans ta routine quotidienne. Bientôt, tu utiliseras la nouvelle habitude, qu'il s'agisse de méditer, de se lever plus tôt ou de lire une heure tous les jours, avec la même facilité que celle avec laquelle tu te brosses les dents.

– Quelle est l'étape finale pour atteindre les objectifs et avancer le long de la voie de la détermination?

– L'étape finale dans la méthode des sages est celle qui est également applicable à mesure que tu avances sur le chemin de ta vie.

– Ma tasse est toujours vide», dis-je respectueusement.

– Apprécie chaque instant du processus. Les Sages de Sivana parlaient souvent de cette attitude. Ils croyaient sincèrement qu'une journée sans rire, une journée sans amour, était une journée sans vie.

– Je ne suis pas sûr de te suivre.

– Tout ce que je dis, c'est assure-toi que tu t'amuses tout en avançant sur le chemin de ton but et de ta détermination. N'oublie jamais l'importance de la joie de vivre totale. N'oublie jamais la beauté exquise qui réside dans toute chose vivante. Cette soirée et ce moment que toi et moi partageons est un présent. Demeure vif et fougueux, plein de joie et de curiosité. Concentre-toi sur l'œuvre de ta vie et donne des services désintéressés aux autres. L'univers s'occupera de tout le reste. C'est l'une des lois les plus vraies de la nature.

– Et il ne faut jamais regretter le passé?

– Exactement, il n'y a pas de chaos dans cet univers. Tout ce qui t'est jamais arrivé s'est produit pour une raison, de même que tout ce qui t'arrivera. Rappelle-toi ce que je t'ai dit, John. Chaque expérience offre ses leçons. Cesse de te spécialiser dans des choses mineures. Apprécie ta vie.

– C'est tout?

– J'ai encore beaucoup de choses à partager avec toi. Es-tu fatigué?

– Pas le moins du monde. En réalité, je me sens gonflé à bloc. Tu es vraiment un grand motivateur, Julian. As-tu jamais pensé à faire de la publicité télévisée?» dis-je sur le ton de la taquinerie.

– Je ne comprends pas», dit-il doucement.

– Ça ne fait rien. Ce n'est qu'une de mes faibles tentatives d'humour.

– D'accord, avant de continuer avec la fable de Yogi Raman, il y a une dernière chose que je voudrais te dire sur l'atteinte des objectifs et la réalisation de tes rêves.

– Allons-y.

– Il y a un mot dont les sages parlent avec beaucoup de respect.

– Parle-m'en.

– Ce simple mot semble avoir une profonde signification pour eux et ils l'utilisaient tous les jours dans leurs conversations. Le mot dont je parle est *passion*, et c'est un mot que tu dois constamment garder à l'esprit pendant que tu t'acquittes de ta mission et que tu cherches à atteindre tes objectifs. Une passion brûlante est le moteur le plus puissant qui te permettra de réaliser tes rêves. Ici, dans notre société occidentale, nous avons perdu notre passion. Nous ne faisons pas les choses parce que nous aimons les faire, nous faisons les choses parce que nous sentons que nous devons les faire. C'est une formule pour être malheureux. Et je ne parle pas de passion romantique, bien que ce soit aussi un autre ingrédient pour mener une vie inspirée et pleine de succès. Ce dont je parle, c'est la passion de la vie. Il faut retrouver la joie de s'éveiller tous les matins, plein d'énergie et d'entrain. Il faut insuffler le feu de la passion dans tout ce que tu fais. Tu en retireras rapidement de grandes récompenses matérielles et spirituelles.

– Tu en parles comme si c'était tellement facile.

– Ça l'est. À partir de cette nuit, prends complètement le contrôle de ta vie. Décide, une fois pour toutes, d'être le maître de ta destinée. Cours ta propre course. Découvre ta vocation et tu commenceras à ressentir l'extase d'une vie pleine d'inspiration. Et finalement, n'oublie jamais que ce qui est derrière toi et ce qui est devant toi n'est rien comparativement à ce qui est en toi.

– Merci Julian. J'avais vraiment besoin d'entendre ces mots. Je ne me rendais pas compte de tout ce qui manquait à ma vie jusqu'à ce soir. J'errais sans but, sans objectif. Les choses vont changer. Je te le promets. Je te suis très reconnaissant pour cela.

– Il n'y a pas de quoi, mon ami. Je suis simplement en train d'atteindre *mon* but.»

Chapitre 8
Résumé de l'activité • La sagesse de Julian en peu de mots

Le symbole

La vertu

Concentrez-vous sur votre but

La sagesse

- Le but de la vie est de mener une vie qui a un but
- Découvrez et réalisez ensuite l'œuvre de votre vie. Cela vous apportera des satisfactions durables
- Fixez-vous des buts clairement définis d'ordre personnel, professionnel et spirituel, et ensuite ayez le courage de les réaliser

Les techniques

- Le pouvoir de l'autoexamen
- La méthode en cinq étapes pour atteindre les buts

Citation à citer

«N'oublie jamais à quel point il est important de vivre avec une totale joie de vivre. N'oublie jamais de voir la beauté exquise qui réside en toute chose vivante. Ce jour, ce moment même, est un présent. Concentre-toi sur ton but. L'univers s'occupera de tout le reste.»

Le Moine qui vendit sa Ferrari

CHAPITRE NEUF

L'art ancien de la maîtrise de soi

« Les bonnes personnes s'efforcent constamment d'être plus fortes. »

Confucius

« Le temps passe rapidement », dit Julian avant de se verser une autre tasse de thé. « L'aube n'est pas loin. Veux-tu que je continue ou en as-tu eu assez pour une nuit ? »

Il n'était pas question que je laisse cet homme, qui avait trouvé de telles perles de sagesse, s'arrêter sans qu'il termine son histoire. Au départ, elle semblait fantastique. Mais à mesure que je l'écoutais, et que j'absorbais ces principes philosophiques dont on lui avait fait présent, je commençais à croire profondément à ce qu'il disait. Il ne s'agissait pas d'élucubrations superficielles de quelque charlatan de bas étage. Julian était authentique. Il était clair qu'il mettait en application ce qu'il disait. Et son message était marqué du sceau de la vérité. Je lui faisais confiance.

« Continue, s'il te plaît, Julian. J'ai tout le temps du monde. Les enfants passent la nuit chez leurs grands-parents et Jenny ne se lèvera pas avant des heures. »

Il sentit ma sincérité et continua à me parler de la fable symbolique que Yogi Raman lui avait contée en vue de cultiver une vie plus riche et plus rayonnante.

117

«Je t'ai dit que le jardin représente le jardin fertile de ton esprit, un jardin qui est rempli de trésors enchanteurs et de richesses innombrables. Je t'ai aussi parlé du phare et de la façon dont il représente le pouvoir des buts et l'importance de découvrir ta mission dans la vie. Si tu t'en souviens, la fable continue avec la porte du phare qui s'ouvre lentement et d'où on voit sortir un lutteur de sumo japonais mesurant 2 mètres 70 et pesant 450 kilos.

– On dirait un mauvais film de Godzilla.

– Je les aimais beaucoup quand j'étais enfant.

– Moi aussi, mais je ne voudrais pas te distraire», répliquai-je.

– Le lutteur de sumo représente un élément très important dans le système de transformation de la vie des Sages de Sivana. Yogi Raman m'a dit qu'il y a plusieurs siècles, en Extrême-Orient, les grands maîtres ont développé et raffiné une philosophie appelée *kaizen*. Ce mot japonais signifie "amélioration constante et incessante". Et elle est la marque personnelle de tout homme et toute femme parfaitement conscients qui mènent une vie élevée.

– Comment le *kaizen* enrichit-il la vie des sages?» demandai-je.

– Comme je te l'ai dit tout à l'heure, John, le succès extérieur commence par le succès intérieur. Si tu veux vraiment améliorer ton monde extérieur, qu'il s'agisse de ta santé, de tes relations ou de tes finances, tu dois d'abord améliorer ton monde intérieur. La façon la plus efficace pour faire cela est la pratique continuelle de l'autoamélioration. La maîtrise de soi est l'a b c de la maîtrise de la vie.»

– Julian, j'espère que tu ne m'en voudras pas si je dis cela, mais tous ces discours sur notre "monde intérieur" me semblent un petit peu obscurs. Rappelle-toi que je ne suis qu'un avocat de la classe moyenne qui vit dans une banlieue verdoyante et qui a une fourgonnette devant sa maison et une tondeuse à gazon dans le garage.

«Écoute. Tout ce que tu m'as dit jusqu'à maintenant m'a l'air parfaitement logique. En fait, tout ce que tu m'as expliqué me semble être plein de bon sens, bien que je sache que le bon sens ne soit pas une chose très courante de nos jours. Je dois te dire pourtant que j'ai un peu de difficulté avec cette notion de *kaizen* et de l'amélioration de mon monde intérieur. De quoi parles-tu exactement?»

La réponse de Julian ne tarda point. «Dans notre société, nous sommes très prompts à déclarer que les ignorants sont des faibles. Cependant, ceux qui expriment leur manque de connaissances et qui cherchent à s'instruire trouvent la voie de l'édification avant les autres. Tes questions sont honnêtes et me montrent que tu as l'esprit ouvert aux idées nouvelles. Le changement est la force la plus puissante de notre société aujourd'hui. La plupart des gens en ont peur. Les sages l'adoptent. La tradition zen parle de l'esprit d'un débutant: ceux qui gardent leur esprit ouvert aux nouveaux concepts – *ceux dont les tasses sont toujours vides* – atteindront toujours des niveaux plus élevés d'accomplissement et d'épanouissement. N'hésite jamais à poser des questions, même les plus simples. Une question est le moyen le plus efficace d'acquérir la connaissance.

– Merci. Mais je n'ai toujours pas bien compris ce que c'est que le *kaizen*.

– Quand je parle d'améliorer ton monde intérieur, je parle simplement de t'améliorer toi-même et de t'épanouir personnellement, et c'est la meilleure chose que tu puisses faire pour toi-même. Tu peux croire que tu es trop occupé pour passer ton temps à travailler sur toi-même. Ce serait commettre une très grande erreur. Vois-tu, quand tu prends le temps de renforcer ta volonté, ta discipline, ton énergie, ton

119

optimisme, tu peux obtenir et faire tout ce que tu veux dans ton monde extérieur. Quand tu auras cultivé un sens profond de confiance en tes capacités et en ton esprit invincible, rien ne pourra t'empêcher de réussir tout ce que tu entreprendras et de vivre avec de grandes satisfactions. Prends le temps de maîtriser ton esprit, de soigner ton corps et de nourrir ton âme, et ta vie n'en sera que plus riche, plus pleine de vitalité. Comme l'a dit Épictète il y a un très grand nombre d'années: "Nul homme n'est libre s'il n'est pas maître de lui-même."

– Donc, le *kaizen* est en fait un concept très pratique.

– Très. Penses-y, John. Comment une personne peut-elle diriger une grande entreprise si elle ne sait pas se diriger elle-même? Comme peux-tu nourrir une famille si tu n'as pas appris à te nourrir et à te soigner toi-même? Comment peux-tu faire le bien si tu ne te sens pas bien? Est-ce que tu vois ce que je veux dire?»

J'acquiesçai en hochant de la tête. C'était la première fois que je réfléchissais sérieusement à quel point il était important que je m'améliore. J'avais toujours pensé que tous ces gens que je voyais dans le métro en train de lire des livres dont les titres étaient *Le Pouvoir de la pensée positive* ou *La MégaVie!* étaient des âmes perturbées, désespérées, qui cherchaient une sorte de thérapie qui les remettrait sur pied. Je me rendais compte maintenant que ceux qui prenaient le temps de devenir plus forts étaient les plus forts, et que c'était seulement en s'améliorant que l'on pouvait espérer améliorer le sort des autres. Je commençai alors à réfléchir à toutes les choses que je pourrais améliorer. L'énergie supplémentaire et la bonne santé que l'exercice m'apporterait seraient certainement les bienvenues. Me débarrasser de mon mauvais caractère et de mon habitude d'interrompre les autres améliorerait certainement considérablement ma relation avec ma femme et mes enfants. Éliminer l'habitude de m'inquiéter me donnerait la paix de l'esprit et le profond bonheur que je cherchais. Plus j'y pensais, plus je voyais de possibilités d'améliorations.

À mesure que je commençais à voir toutes les choses positives qui pourraient inonder ma vie grâce à de bonnes habitudes, je commençais à me sentir très stimulé. Mais je me rendis compte que Julian parlait de choses beaucoup plus importantes que de l'exercice quotidien, d'un bon régime et d'une vie équilibrée. Ce qu'il avait appris dans l'Himalaya était plus profond et plus significatif que cela. Il parlait de l'importance de la force de caractère, de développer la volonté, et de vivre avec courage. Il me dit que ces trois qualités me mèneraient non seulement à une vie vertueuse, mais aussi à une vie remplie de satisfaction, d'accomplissement et de paix intérieure. Le courage était une qualité que tout le monde devrait cultiver et qui rapporterait à la longue d'immenses dividendes.

«Qu'est-ce que le courage a à voir avec la maîtrise de soi et le développement personnel?» me demandai-je à haute voix.

– Le courage te permet de courir ta propre course. Le courage te permet de faire tout ce que tu veux parce que tu sais que c'est juste. Le courage te donne la maîtrise de toi-même pour persister là où les autres ont abandonné. Finalement, le degré de courage avec lequel tu vis déterminera le niveau de satisfaction que tu connaîtras. Il te permettra d'accomplir réellement toutes les merveilles qui constituent ton odyssée personnelle. Et ceux qui ont acquis la maîtrise d'eux-mêmes ont de très grandes réserves de courage.

– D'accord. Je commence à comprendre le pouvoir qu'il y a à travailler sur soi-même. Où dois-je commencer?»

Julian revint à sa conversation avec Yogi Raman, là-haut dans la montagne, durant cette nuit remarquablement belle et étoilée.

«À l'origine, moi aussi j'ai eu du mal à comprendre la notion d'autoamélioration. Après tout, j'étais un avocat, dur à cuire, formé à Harvard, qui n'avait pas le temps de s'attarder à ces théories Nouvel Âge que voulaient m'infliger des gens aux cheveux trop longs qui traînaient dans les aéroports. J'avais tort. C'était cet esprit fermé qui m'avait empêché de vivre toutes ces années. Plus j'écoutais Yogi Raman, plus je réfléchissais à la douleur et à la souffrance que j'avais endurées dans mon ancienne vie, et plus j'acceptais la philosophie du *kaizen*, de l'enrichissement constant et incessant de l'esprit, du corps et de l'âme dans ma nouvelle vie», affirma Julian.

– Pourquoi est-ce que j'entends tellement parler ces jours-ci de "l'esprit, du corps et de l'âme"? Il semble que je ne peux même pas allumer la télévision sans que quelqu'un en parle.

– C'est la trilogie de nos dons humains. Améliorer ton esprit sans cultiver tes capacités physiques serait une victoire bien mince. Élever ton esprit et ton corps à leur niveau le plus haut sans nourrir ton âme te laisserait avec un sentiment de vide et de frustration. Mais lorsque tu consacreras toute ton énergie à libérer le potentiel de tes trois dons humains, tu goûteras à l'extase divine d'une vie édifiée.

– Tu m'as bien enthousiasmé, mon ami.

– Quant à où tu dois commencer, je te promets que je te parlerai d'un certain nombre de techniques anciennes mais puissantes dans quelques minutes. Mais d'abord, je dois te faire faire un exercice pratique. Mets-toi en position pour faire des pompes.

– *Pour l'amour du ciel, Julian est devenu un adjudant*», pensais-je en silence. Comme j'étais curieux et que je voulais garder ma tasse vide, je lui obéis.

– Maintenant, fais autant de pompes que tu peux. Ne t'arrête pas avant d'être tout à fait certain que tu ne peux absolument pas en faire une autre.»

L'exercice m'épuisa, mon corps de cent kilos n'avait pas l'habitude de faire un exercice plus fatigant que les quelques pas qui menaient au McDo le plus proche avec mes enfants ou qu'une promenade sur un terrain de golf avec mes collègues. Les quinze premières pompes furent une agonie pure. De plus, la chaleur de l'été n'arrangeait pas les choses. Je me mis à transpirer abondamment. Cependant, j'étais déterminé à ne pas montrer le moindre signe de faiblesse et je continuai jusqu'à ce que ma vanité et mes bras m'abandonnent. Arrivé à vingt-trois pompes, je m'arrêtai.

«Ça suffit, Julian. Tu es en train de me tuer. Qu'est-ce que tu essaies de faire?

– Es-tu certain que tu ne peux pas en faire plus?

– J'en suis sûr. Allez, arrête. La seule leçon que je suis en train de tirer, c'est comment avoir une crise cardiaque.

– Fais-en dix autres. Ensuite, tu pourras te reposer», m'ordonna Julian.

– Tu plaisantes!»

Mais je continuai. Un. Deux. Cinq. Huit. Et enfin dix. Je m'écroulai sur le sol, totalement exténué.

«J'ai fait exactement la même expérience avec Yogi Raman la nuit où il m'a raconté sa fable spéciale», dit Julian. «Il m'a dit que la douleur était un grand maître.

– Que peut-on apprendre d'une expérience telle que celle-ci?» lui demandai-je, à bout de souffle.

– Yogi Raman, et tous les Sages de Sivana, croient que les gens atteignent leur maximum lorsqu'ils pénètrent dans la Zone de l'Inconnu.

– D'accord, mais qu'est-ce que cela a à faire avec toutes ces pompes?

– Tu m'as dit qu'après avoir fait vingt-trois pompes, tu ne pouvais plus en faire. Tu m'as dit que c'était ta limite absolue. Pourtant, lorsque je t'ai mis au défi d'en faire d'autres, tu as continué en faisant dix autres pompes. Tu avais en toi plus de ressources et lorsque tu es allé les chercher, tu as reçu davantage. Yogi Raman m'a expliqué une vérité fondamentale lorsque j'étais son disciple: *"Les seules limites de ta vie sont celles que tu lui donnes"*. Quand tu oses sortir du cercle du confort et explorer l'inconnu, tu commences à libérer ton vrai potentiel humain. C'est le premier pas vers la maîtrise de soi et la maîtrise de toutes les circonstances de ta vie. Lorsque tu te pousses au-delà de tes limites, comme tu viens de le faire dans cette petite démonstration, tu libères des réserves mentales et physiques que tu ne soupçonnais pas.

– Fascinant», me dis-je. À bien y penser, j'avais récemment lu dans un livre que l'homme moyen n'utilise qu'une très faible partie de ses capacités. Je me demandais ce que nous pourrions faire si nous commencions à utiliser tout le réservoir de nos capacités. Julian sentit qu'il avait fait mouche.

– Tu t'exerces à l'art du *kaizen* en te poussant tous les jours un peu plus loin. Travaille dur pour améliorer ton esprit et ton corps. Nourris ton esprit. Fais les choses dont tu as peur. Commence à vivre avec une énergie débordante et un enthousiasme sans limite. Observe le soleil lorsqu'il se lève. Danse sous la pluie. Sois la personne que tu rêves d'être. Fais les choses que tu as toujours voulu faire et que tu n'as pas faites parce que tu t'es leurré en pensant que tu étais trop jeune, trop vieux, trop riche ou trop pauvre. Prépare-toi à vivre une vie à la mesure de toutes tes capacités. En Orient, on dit que la *chance* favorise l'esprit préparé. Je crois que la *vie* favorise l'esprit préparé.»

Julian continua son discours passionné. «Décèle les choses qui te retiennent de faire quelque chose. As-tu peur de parler en public ou as-tu des problèmes dans tes relations? Est-ce que tu aurais besoin d'une attitude plus positive, de plus d'énergie? Fais l'inventaire écrit de tes points faibles. Les gens satisfaits sont des gens qui réfléchissent beaucoup plus que les autres. Prends le temps de réfléchir à ce qui t'empêche de vivre la vie que tu veux vraiment vivre et que tu sais au fond de toi que tu pourrais vivre. Une fois que tu auras déterminé quelles sont tes faiblesses, l'étape suivante consistera à leur faire face et à attaquer tes craintes.

«Si tu as peur de parler en public, prends l'engagement de prononcer vingt discours. Si tu as peur de mettre sur pied une nouvelle entreprise ou de mettre un terme à une relation qui ne te satisfait pas, tu dois rassembler chaque miette de résolution et le faire. Ce sera peut-être la première fois depuis longtemps que tu feras l'expérience de la vraie liberté. La peur n'est rien d'autre qu'un monstre mental que tu as créé, un monologue intérieur négatif.

– La peur n'est rien d'autre qu'un monologue intérieur négatif? J'aime bien ça. Tu veux dire que toutes les peurs ne sont au fond que des lutins imaginaires qui se sont insinués dans mon esprit au cours des années?

– Exactement, John. Chaque fois qu'ils t'ont empêché d'agir, tu leur as redonné des forces. Mais lorsque tu arrives à conquérir tes peurs, tu conquiers ta vie.

– J'ai besoin d'un exemple.

– Bien sûr. Prenons par exemple la peur de parler en public, une activité que la plupart des gens craignent plus que la mort. Lorsque j'étais avocat plaidant, j'ai vu des avocats qui avaient peur de mettre le pied au tribunal. Ils étaient prêts à faire n'importe quoi, y compris régler les causes très valables de leurs clients hors cour rien que pour s'éviter la souffrance de prendre la parole dans une salle de tribunal comble.

– Oui, j'ai vu cela aussi.

– À ton avis, sont-ils nés avec cette peur?

– J'espère bien que non.

– Observe un bébé. Il n'a pas de limites, son esprit est un paysage luxuriant fait de potentialités et de possibilités. S'il est bien cultivé, il lui permettra de faire de grandes choses. S'il est rempli de négativité, il le mènera à la médiocrité, en mettant les choses au mieux. Ce que je suis en train de dire est ceci: aucune expérience, qu'il s'agisse de parler en public, de demander une augmentation au patron, de nager dans un lac ensoleillé ou de se promener sur une plage au clair de lune, n'est intrinsèquement douloureuse ou agréable. C'est la façon dont tu perçois l'activité qui la rend agréable ou douloureuse.

– C'est intéressant.

– On peut former un bébé à percevoir une journée merveilleusement ensoleillée comme une journée déprimante. On peut former un enfant à percevoir un chiot comme un animal dangereux. On peut former un adulte à percevoir une drogue comme un moyen agréable de se détendre. Tout est une question de conditionnement, n'est-ce pas?

– Bien sûr.

– C'est la même chose pour la peur. La peur est une réaction conditionnée. Une habitude qui draine la vie, qui peut facilement consumer ton énergie, ta créativité et ta joie de vivre si tu ne fais pas attention. Quand la peur dresse son horrible tête, assène-lui rapidement un grand coup. Le meilleur moyen de t'en débarrasser, c'est de faire la chose que tu crains. Il faut comprendre l'anatomie de la peur. Elle est ta propre création. Comme toute autre création, il est tout aussi facile de la démanteler que de la construire. Il faut que tu recherches méthodiquement chacune des peurs qui s'est insinuée secrètement dans la forteresse de ton esprit et que tu la détruises. Cela seul te donnera une énorme confiance en toi, le bonheur et la paix de l'esprit.

– Est-ce que l'esprit peut vraiment être complètement débarrassé de la peur?» demandai-je.

– Oh, question épineuse. La réponse est un "Oui!! emphatique et sans équivoque, et les Sages de Sivana étaient complètement débarrassés de la peur. On pouvait le voir dans leur démarche, dans leur façon de parler. On pouvait le voir à les regarder profondément dans les yeux. Je vais te dire autre chose, John.

– Quoi?» demandai-je, fasciné par ce que j'entendais.

– Moi aussi, je suis débarrassé de la peur. Je me connais et je suis arrivé au point où je perçois mon état naturel comme une force invincible et comme un potentiel illimité. C'est simplement que j'ai été bloqué durant toutes ces années où je me suis négligé et où j'ai vécu d'une façon déséquilibrée. Je te dirai autre chose. Lorsque tu élimines la peur de ton esprit, tu commences à avoir l'air plus jeune et ta santé s'améliore.

– Ah, le fameux rapport entre le corps et l'esprit», dis-je, espérant ainsi masquer mon ignorance.

– Oui, les sages de l'Orient connaissent cela depuis plus de 5 000 ans. Ce n'est sûrement pas "Nouvel Âge"», dit-il avec un grand sourire qui illumina son visage.

– Les sages m'ont parlé d'un autre principe puissant auquel je pense souvent. Je crois qu'il te sera d'un très grand secours pour acquérir la maîtrise sur toi-même et la maîtrise de ta vie. Ce principe m'a souvent motivé quand j'avais envie de laisser aller un peu les choses. Cette philosophie peut être résumée de façon succincte: ce qui différencie les gens qui ont atteint un degré très élevé de réalisation de soi de ceux qui n'ont jamais mené une vie inspirée, c'est qu'ils font les choses que les gens moins évolués n'aiment pas faire, même si eux non plus n'aiment pas les faire.

«Les gens vraiment éclairés, ceux qui font l'expérience quotidienne du bonheur, sont prêts à se passer de plaisir à court terme pour un épanouissement à long terme. Ils s'attaquent alors franchement à leurs peurs et à leurs points faibles, même si une incursion dans l'inconnu leur apporte un certain inconfort. Ils prennent la résolution de vivre selon la sagesse du *kaizen*, en améliorant chaque aspect de leur personne incessamment et continuellement. Avec le temps, ce qui était difficile devient facile. Les peurs qui les empêchaient auparavant de posséder tout le bonheur, toute la santé et toute la prospérité qu'ils méritent disparaissent comme des épouvantails emportés par l'ouragan.

– Tu veux dire que je dois me changer moi-même avant de transformer ma vie?

– Oui. C'est comme cette vieille histoire que mon professeur préféré me racontait lorsque j'étais à la faculté de droit. Un soir, un père se détendait en lisant son journal après une longue journée au bureau. Son fils, qui avait envie de jouer, ne cessait pas de le harceler. Finalement, excédé, le père déchira une image du globe terrestre qui se trouvait dans le journal et la déchiqueta en une centaine de petits morceaux. "Tiens mon fils. Essaie de remettre tout cela ensemble", dit-il en espérant ainsi occuper le petit garçon suffisamment longtemps pour pouvoir lire son journal. Quelle ne fut pas sa stupéfaction lorsque son fils revint quelques minutes plus tard avec le globe parfaitement reconstitué. Lorsque le père stupéfait lui demanda comment il avait accompli cet exploit, le fils sourit gentiment et répliqua: "Papa, de l'autre côté du globe, il y avait l'image d'une personne, et une fois que j'ai refait l'image de la personne, le monde était refait."

– C'est une belle histoire.

– Vois-tu, John, les gens les plus sages que j'ai jamais rencontrés, depuis les Sages de Sivana jusqu'à mes professeurs à la faculté de droit de Harvard, semblaient tous connaître la formule du bonheur.

– Continue», dis-je avec une certaine impatience.

– C'est précisément ce que j'ai dit tout à l'heure: le bonheur vient avec l'atteinte progressive d'un objectif valable. Quand tu fais quelque chose que tu aimes vraiment, il est inévitable que tu ressentes un profond contentement.

– Si chaque personne qui fait simplement ce qu'elle aime faire connaît le bonheur, pourquoi y a-t-il tant d'êtres misérables?

– Ton objection est bonne, John. Faire ce que l'on aime, qu'il s'agisse d'abandonner le travail que l'on fait actuellement pour devenir un acteur ou de passer moins de temps à faire des choses qui ont peu d'importance pour avoir plus de temps pour faire celles qui sont significatives, tout cela demande beaucoup de courage. Il faut que tu sortes de ta zone de confort. Et le changement est toujours un peu inconfortable au début. C'est aussi assez risqué. Ceci dit, c'est le meilleur moyen de se préparer une vie plus joyeuse.

– Comment fait-on exactement pour avoir plus de courage?

– C'est comme l'histoire que je viens de te raconter: une fois que tu auras mis les morceaux ensemble, ton monde sera refait. Une fois que tu maîtriseras ton esprit, ton corps et ta volonté, le bonheur et l'abondance entreront dans ta vie presque magiquement. Mais tu dois passer un peu de temps tous les jours à travailler sur toi-même, même s'il ne s'agit que de dix ou quinze minutes.

– Et que symbolise le gigantesque lutteur japonais de 450 kilos dans la fable de Yogi Raman?

«Notre robuste ami te rappellera constamment le pouvoir du *kaizen*, le mot japonais qui signifie développement et progrès constant.»

En quelques heures, Julian m'avait fait les révélations les plus puissantes et les plus étonnantes que j'avais jamais entendues. Il m'avait parlé de la magie de mon propre esprit et du trésor potentiel qu'il renfermait. J'avais appris des méthodes extrêmement pratiques pour calmer mon esprit et le concentrer sur mes désirs et mes rêves. J'avais appris l'importance d'avoir un but clairement défini et de se fixer des objectifs pour chaque aspect de sa vie personnelle, professionnelle et spirituelle. Maintenant, Julian me parlait du très ancien principe de la maîtrise de soi: le *kaizen*.

«Comment puis-je pratiquer l'art du *kaizen*?

– Je vais t'indiquer dix rituels également anciens et suprêmement efficaces qui te mèneront vers la maîtrise de toi-même. Si tu les mets quotidiennement en pratique, en ayant foi en leur efficacité, tu pourras observer des résultats remarquables au bout d'un mois seulement. Si tu continues à les mettre en application, et que tu intègres ces méthodes dans ta routine quotidienne de façon à ce qu'elles deviennent des habitudes, tu seras certain de jouir d'une santé parfaite, d'une énergie illimitée, d'un bonheur durable et de la sérénité. Finalement, tu auras accompli ta destinée divine, car cela est ton droit de naissance.

«Yogi Raman m'a parlé de ces dix rituels en lesquels il croyait profondément à cause de ce qu'il appelait leur "exquisité", et tu conviendras avec moi que je suis la preuve vivante de leur pouvoir. Je te demande simplement d'écouter ce que j'ai à dire et de juger des résultats par toi-même.

– Des résultats qui transforment la vie en trente jours seulement?», dis-je, incrédule.

– Oui. Le prix à payer est au moins une heure par jour, durant trente jours consécutifs, pour mettre en application les méthodes dont je vais te parler. Tout ce que tu dois faire, c'est cet investissement en toi-même. Et je t'en prie, ne me dis pas que tu n'as pas le temps.

– Mais je n'ai pas le temps», dis-je honnêtement. «J'ai une énorme clientèle. Je n'ai pas dix minutes à me consacrer, encore moins une heure entière, Julian.

– Tu le sais déjà, dire que tu n'as pas le temps de t'améliorer, qu'il s'agisse d'améliorer ou de nourrir ton esprit, c'est comme si tu disais que tu n'as pas le temps de t'arrêter pour prendre de l'essence parce que tu es trop occupé à conduire. Un beau jour, tu seras obligé de t'arrêter.

– Vraiment?

– Vraiment.

– Comment ça?

– Laisse-moi te décrire cela. Tu es tout à fait comme une voiture de course à haute performance qui vaut des millions de dollars; une machine bien huilée, hautement perfectionnée.

– Merci, Julian.

– Ton esprit est la plus grande merveille de l'univers et ton corps possède la capacité d'accomplir des exploits qui pourraient te surprendre.

– D'accord.

– Sachant la valeur de cette machine hautement performante valant plusieurs millions de dollars, serait-il sage de la faire tourner chaque minute de chaque jour sans prendre le temps de faire une pause pour laisser le moteur se refroidir?

– Bien sûr que non.

– Eh bien, pourquoi ne prends-tu pas un peu de temps tous les jours pour faire cette pause ou pour te reposer? Pourquoi est-ce que tu ne prends pas le temps de laisser le moteur hautement performant de ton esprit se refroidir? Est-ce que tu vois ce que je veux dire? Prendre le temps de te renouveler est la chose la plus importante que tu puisses faire. Cela peut te sembler ironique, mais prendre le temps de t'améliorer et de t'enrichir personnellement au cours d'une journée au rythme frénétique améliorera de façon spectaculaire ton efficacité lorsque tu reprendras tes activités.

– Une heure par jour durant trente jours, c'est tout?

– C'est la formule magique que j'ai toujours recherchée. J'aurais probablement été prêt à payer deux millions de dollars du temps de mon ancienne gloire si j'en avais compris l'importance. Je n'avais pas la moindre idée que ces connaissances si précieuses étaient gratuites. Ceci étant dit, tu dois être discipliné et mettre en application les méthodes qui constituent la formule, quotidiennement, en étant absolument convaincu de leur valeur. Ce n'est pas instantané. Une fois que tu as commencé, tu en as pour longtemps.

– Qu'est-ce que tu veux dire?

– Prendre une heure par jour pour t'occuper de toi te donnera sûrement des résultats spectaculaires au bout de trente jours, à condition que tu fasses les choses comme il faut. Il faut environ un mois pour acquérir une nouvelle habitude. Après cette période, les stratégies et les méthodes que tu auras apprises feront partie intégrante de toi-même. Il est capital que tu continues à t'y exercer chaque jour si tu veux continuer à voir des résultats.

– Ça me paraît logique», dis-je. De toute évidence, Julian avait libéré une source de vitalité et de sérénité dans sa propre vie. En fait, sa transformation d'un vieil avocat plaidant en un philosophe rayonnant et énergique tenait du miracle. À ce moment, je pris la résolution de consacrer une heure par jour à la mise en application des méthodes et des principes dont il allait me parler. Je décidai de travailler à m'améliorer avant d'essayer de changer les autres, comme j'avais l'habitude de le faire. Peut-être que je pouvais moi aussi effectuer une transformation «à la Mantle». Cela valait sûrement la peine d'essayer.

Cette nuit-là, assis sur le sol de ma salle de séjour encombrée, j'appris ce que Julian appelait «Les dix rituels de la vie rayonnante». Certains de ces rituels exigeaient un peu d'effort de ma part, d'autres ne demandaient aucun effort. Ils étaient tous intéressants et riches de la promesse de choses extraordinaires à venir.

«Le premier rituel était connu des sages sous le nom de "Rituel de la Solitude". Il ne faut qu'une seule chose: que ton emploi du temps quotidien comprenne une période obligatoire de paix.

– Qu'est-ce que c'est, une période de paix?

– C'est une période, aussi courte que quinze minutes ou aussi longue que cinquante minutes, durant laquelle tu explores les vertus curatives du silence et tu apprends peu à peu qui tu es vraiment», expliqua Julian.

– Une sorte de pause pour mon moteur surchauffé?» dis-je avec un léger sourire.

– C'est une façon assez précise de décrire cela. As-tu jamais fait un long voyage sur la route avec ta famille?

– Bien sûr, chaque été, nous allons passer deux semaines dans les îles avec les parents de Jenny.

– D'accord. Est-ce que vous faites des pauses sur la route?

– Bien sûr. Pour manger, ou si j'ai sommeil je fais une petite sieste rapide, après avoir écouté mes enfants se disputer durant six heures sur le siège arrière.

– Eh bien, pense au "Rituel de la Solitude" comme à une pause de l'âme. Son but est le renouvellement de soi et cela est accompli en passant un certain temps tout seul, enveloppé d'une merveilleuse couverture de silence.

– Qu'est-ce que le silence a de tellement spécial?

– C'est une question intéressante. La solitude et le calme te permettent d'établir un lien entre toi-même et ta source de créativité, et de libérer l'intelligence illimitée de l'univers. Vois-tu, John, l'esprit est comme un lac. Dans notre monde chaotique, les esprits de la plupart des gens ne sont pas calmes. Nous sommes pleins de turbulence intérieure. Cependant, en prenant simplement le temps d'être calme et tranquille, chaque jour, le lac de l'esprit devient aussi lisse qu'un miroir. Ce calme intérieur apporte avec lui toutes sortes d'avantages, y compris un sentiment profond de bien-être, de paix intérieure et d'énergie illimitée. Tu dormiras même beaucoup mieux et tu éprouveras un sentiment d'équilibre durant tes activités quotidiennes.

– Où est-ce que je dois aller durant cette période de paix?

– En théorie, tu pourrais faire cela n'importe où, dans ta chambre à coucher ou dans ton bureau. L'essentiel est de trouver un endroit réellement calme et beau.

– Qu'est-ce que la beauté vient faire dans cette équation?

– De belles images apaisent l'âme agitée», observa Julian avec un profond soupir. «Un bouquet de roses ou une seule jonquille aura un effet hautement salutaire sur tes sens et te détendra profondément. Idéalement, tu devrais savourer cette beauté dans un lieu qui te servira de "Sanctuaire du Moi."

– Qu'est-ce que c'est que ça?

– C'est un endroit qui deviendra le lieu secret de ton développement mental et spirituel. Ce pourrait être une chambre qui ne sert à personne dans ta maison ou simplement un coin paisible dans un petit appartement. Ce qu'il faut, c'est réserver un endroit pour tes activités de renouvellement. Un endroit calme qui attend ton arrivée.

– J'aime bien cette idée. Je crois qu'avoir un endroit silencieux dans lequel je pourrais me détendre lorsque je rentre chez moi après le travail ferait une grande différence. Je pourrais décompresser durant un certain temps et me débarrasser du stress de la journée. Cela ferait probablement de moi une personne beaucoup plus agréable à vivre.

– Ce qui nous amène à un autre point important. Le Rituel de la Solitude donne de meilleurs résultats lorsque tu l'utilises tous les jours à la même heure.

– Pourquoi?

– Car il s'intègre alors dans ta routine. En répétant ce rituel tous les jours à la même heure, une dose quotidienne de silence deviendra bientôt une habitude que tu ne pourras négliger et des habitudes positives te mènent inévitablement à ton destin.

– Y a-t-il autre chose?

– Oui. Si c'est possible, il faut communier tous les jours avec la nature. Une promenade rapide à travers les bois ou même quelques minutes passées à cultiver les tomates de ton jardin te permettront d'établir des liens avec la source de calme qui sommeille peut-être en toi maintenant. La nature nous permet aussi de communiquer avec la sagesse infinie de notre moi le plus élevé. Cette connaissance de soi te poussera vers des dimensions inconnues de ton pouvoir personnel. N'oublie jamais cela», me dit Julian avec passion.

– Est-ce que ce rituel t'a beaucoup aidé, Julian?

– Oui, tout à fait.. Je me lève avec le soleil et la première chose que je fais, c'est de me rendre à mon sanctuaire secret. Là, j'explore le "Cœur de la Rose" aussi longtemps que j'en ai besoin. Certains jours, je passe des heures en contemplation silencieuse; d'autres jours, je n'y consacre que dix minutes. Le résultat est plus ou moins le même: un sentiment profond d'harmonie intérieure et une abondance d'énergie physique. Ce qui me mène au deuxième rituel. C'est le "Rituel de la Vigueur physique".

– Ça m'a l'air intéressant. De quoi s'agit-il?

– Il s'agit du pouvoir des soins du corps.

– Hein?

– C'est simple. Le "Rituel de la Vigueur physique" est fondé sur le principe voulant qu'à mesure que tu t'occupes de ton corps, tu t'occupes de ton esprit. Comme tu prépares ton corps, tu prépares ton esprit. Comme tu exerces ton corps, tu exerces ton esprit. Il faut prendre un certain temps chaque jour pour nourrir le temple de ton corps au moyen d'exercices vigoureux. Stimule la circulation du sang et fais bouger ton corps. Sais-tu qu'il y a cent soixante-huit heures dans une semaine?

– Non, pas vraiment.

– C'est le cas cependant. Il faudrait utiliser au moins cinq heures de ces cent soixante-huit heures à s'exercer à une certaine activité physique. Les Sages de Sivana pratiquaient la discipline ancienne du yoga pour stimuler leur potentiel physique et avoir un corps vigoureux et dynamique. C'était un spectacle extraordinaire que de voir ces merveilleux yogis arriver à éviter la vieillesse en se dressant sur leur tête au centre du village!

– Est-ce que tu as essayé le yoga, Julian? Jenny a commencé à en faire l'été dernier et elle dit que ça lui a ajouté cinq ans de vie.

– Rien ne transformera ta vie comme par magie, John. Laisse-moi être le premier à te le dire. Les changements ne se produisent que grâce à la mise en application continuelle d'un certain nombre de méthodes dont je t'ai parlé. Mais le yoga est un moyen extrêmement efficace de libérer nos réserves de vitalité. Je fais mes exercices de yoga tous les matins et c'est l'une des meilleures choses que je puisse faire pour moi-même. Le yoga a non seulement rajeuni mon corps, mais m'a permis de concentrer complètement mon esprit. Il a même libéré ma créativité. C'est une discipline extraordinaire.

– Est-ce que les sages font autre chose pour prendre soin de leur corps?

– Yogi Raman et ses frères et sœurs croyaient aussi qu'une marche rapide dans la nature, soit gravir des sentiers montagneux ou traverser des forêts verdoyantes, faisait merveille pour se débarrasser de la fatigue et ramener le corps à son état naturel de santé. Lorsqu'il faisait trop mauvais pour marcher, ils s'exerçaient dans la sécurité de leurs huttes. Ils pouvaient oublier un repas, mais ils ne manquaient jamais de faire leurs exercices quotidiens.

– Qu'est-ce qu'il y avait dans leurs huttes? Pas des machines à faire du ski de fond?» dis-je en plaisantant.

– Pas tout à fait. Parfois, ils s'exerçaient à des postures de yoga. D'autres fois, je les voyais en train de faire des séries de pompes sur une main. Je crois vraiment que ce qu'ils faisaient n'était pas important, dans la mesure où ils bougeaient leur corps et où ils respiraient profondément l'air frais qui les entourait.

– Qu'est-ce que la respiration vient faire dans tout cela?

– Je répondrai à ta question par l'une des phrases préférées de Yogi Raman: "Bien respirer, c'est bien vivre."

– La respiration est-elle à ce point importante?» demandai-je, surpris.

– Très tôt à Sivana, les sages m'ont appris que le moyen le plus rapide de doubler ou même de tripler mon énergie était d'apprendre l'art de la respiration efficace.

– Mais est-ce que nous ne savons pas tous respirer, même quand nous venons de naître?

– Pas vraiment, John. Bien que la plupart d'entre nous sachent respirer pour survivre, nous n'avons jamais appris à respirer pour bien vivre. La plupart d'entre nous respirons beaucoup trop superficiellement et, ce faisant, nous n'oxygénons pas suffisamment notre corps pour qu'il fonctionne de façon optimale.

– On dirait que bien respirer est une science.

– C'est une science. Et les sages la traitaient ainsi. Leur philosophie était simple: bien s'oxygéner grâce à une respiration efficace libère les réserves d'énergie ainsi que la vitalité naturelle.

– Bon, alors par où dois-je commencer?

– C'est vraiment assez facile. Deux ou trois fois par jour, prends une minute ou deux pour te rappeler de respirer plus profondément et plus efficacement.

– Comment saurai-je que je respire de façon valable?

– Eh bien, ton ventre doit bouger légèrement. Cela signifie que tu respires avec l'abdomen, ce qui est bon. Un truc que Yogi Raman m'a appris, c'est de poser mes mains sur mon abdomen. Si elles bougent lorsque j'inspire, c'est que ma technique de respiration est bonne.

– C'est très intéressant.

– Si tu aimes ça, alors tu vas aimer le "Troisième Rituel de la Vie rayonnante"», dit Julian.

– Qui est?

– Le "Rituel des Aliments vivants". À l'époque où j'étais avocat plaidant, je me nourrissais régulièrement de steaks, de frites et d'autres camelotes alimentaires. Bien sûr, je mangeais dans les meilleurs restaurants du pays, mais je remplissais quand même mon corps d'aliments vides. Je ne le savais pas à l'époque, mais c'était l'une des principales sources de mon insatisfaction.

– Vraiment?

– Oui, un mauvais régime a un effet marquant sur ta vie. Il te vide de ton énergie mentale et physique. Il exerce un effet sur tes humeurs et il influe sur la clarté de ton esprit. Yogi Raman disait: "Comme tu nourris ton corps, tu nourris ton esprit."

– Je suppose donc que tu as modifié ta façon de te nourrir?

– Radicalement. Et cela a fait une différence surprenante dans ma façon de me sentir et quant à mon apparence. J'ai toujours pensé que j'étais fatigué à cause du stress et des tensions de mon travail et parce que les doigts crochus de l'âge étaient en train de m'atteindre. À Sivana, j'ai appris qu'une bonne partie de ma léthargie était attribuable au carburant à faible octane que j'injectais dans mon corps.

– Qu'est-ce que les Sages de Sivana mangent pour rester jeunes et alertes?

– Des aliments vivants», répondit-il sans hésiter.

– Quoi?

– La réponse est des aliments vivants. Des aliments vivants sont des aliments qui ne sont pas morts.

– Allons, Julian. C'est quoi des aliments vivants?» demandai-je avec impatience.

– Essentiellement, les aliments vivants sont ceux qui sont créés par l'interaction naturelle du soleil, de l'air, du sol et de l'eau. Ce dont je parle ici, c'est d'un régime végétarien. Remplis ton assiette de légumes frais, de fruits et de céréales et tu vivras pratiquement éternellement.

– Mais est-ce possible?

– La plupart des sages ont largement dépassé cent ans et ils ne montrent aucun signe de ralentissement, et rien que la semaine dernière, j'ai lu dans le journal un article sur un groupe de personnes qui vit sur l'île minuscule d'Okinawa dans l'est de la mer de Chine. Les chercheurs sont en train de se précipiter dans cette île car ils sont fascinés par le fait qu'elle contient le plus grand nombre de centenaires au monde.

– Qu'ont-ils appris?

– Qu'un régime végétarien est l'un des principaux secrets de leur longévité.

– Mais est-ce que ce genre de régime est sain? Je ne pense pas que cela donne beaucoup de forces. Rappelle-toi que je suis un avocat plaidant occupé, Julian.

– C'est la façon de se nourrir que la nature a prévue. C'est un régime vivant, vital et suprêmement sain. Les sages vivent depuis des milliers d'années en se nourrissant de cette façon. Ils appellent ça un régime *sattvic*, c'est-à-dire pur. Quant à ta préoccupation au sujet de la force, les animaux les plus puissants de la planète, depuis le gorille jusqu'à l'éléphant, sont fièrement végétariens. Savais-tu qu'un gorille possède à peu près trente fois la force d'un homme?

– Merci pour cet élément d'information important.

– Écoute, les sages ne sont pas des gens excessifs. Toute leur sagesse est fondée sur le principe éternel selon lequel "on doit mener une vie de modération et ne rien faire avec excès". Donc, si tu aimes la viande, tu peux certainement continuer à en manger. Rappelle-toi seulement que tu es en train d'avaler un aliment mort. Si tu peux le faire, diminue la quantité de viande rouge que tu manges. C'est vraiment difficile à digérer et, étant donné que ton système digestif est celui qui consomme le plus d'énergie dans ton corps, des réserves précieuses d'énergie sont consumées inutilement par ce genre d'aliments. Est-ce que tu vois où je veux en venir? Compare comment tu te sens après avoir mangé un steak avec l'énergie que tu ressens après avoir mangé une salade. Si tu ne veux pas devenir strictement végétarien, commence au moins à manger une salade à chaque repas et un fruit comme dessert. Même cela fera une différence dans la qualité de ta vie physique.

– Ça ne me semble pas trop difficile à faire», répondis-je. J'ai beaucoup entendu parler du pouvoir d'un régime largement végétarien. Rien que la semaine dernière, Jenny m'a parlé d'une étude menée en Finlande selon laquelle trente-huit pour cent de nouveaux végétariens ont déclaré qu'ils se sentaient beaucoup moins fatigués et beaucoup plus alertes après sept mois seulement de ce nouveau mode de vie. Il faudrait que j'essaie de manger une salade chaque repas. Il suffit de te regarder, Julian, pour que je songe même à composer tout mon repas avec de la salade.

– Essaie ça durant un mois et tu pourras juger des résultats par toi-même. Tu te sentiras phénoménalement bien.

– D'accord. Si ce régime est assez bon pour les sages, il l'est assez pour moi aussi. Je te promets que je vais faire un essai. Ça ne m'a pas l'air d'être trop long en tout cas, et, de toute façon, je commence à être fatigué d'allumer le barbecue tous les soirs.

– Si je t'ai convaincu d'adopter le "Rituel des Aliments vivants", je crois que tu vas aimer le quatrième rituel.

– Ton disciple te tend sa tasse vide.

– Le quatrième rituel porte le nom de "Rituel de la Richesse des connaissances". Il est axé sur la notion de l'apprentissage perpétuel et de l'acquisition de connaissances en vue de t'améliorer et d'améliorer ceux qui t'entourent.

– C'est le vieux concept selon lequel "le pouvoir vient de la connaissance"?

– C'est bien plus que cela, John. La connaissance n'est que le pouvoir *potentiel*. Pour que le pouvoir se manifeste, il doit être mis en application. La plupart des gens savent ce qu'ils devraient faire dans n'importe quelle situation donnée au cours de leur vie. Le problème vient de ce qu'ils ne prennent pas de mesures cohérentes, quotidiennement, pour mettre en application leurs connaissances et réaliser leurs rêves. Selon le "Rituel de la Richesse des connaissances", il faut être un étudiant tout au long de sa vie. Et, plus important encore, il faut que tu utilises ce que tu as appris à l'école de la vie.

– De quelle façon le Yogi Raman et les autres sages mettent-ils ce rituel en application?

– Ils ont beaucoup de sous-rituels qu'ils exécutent régulièrement à titre de contribution au "Rituel de la Richesse des Connaissances". L'une de leurs plus importantes stratégies est aussi l'une des plus faciles. Tu peux même commencer tout de suite.

– Ça ne va pas prendre trop de temps?»

Julian sourit. «Ces méthodes, ces outils et ces conseils que je partage avec toi te rendront plus productif et plus efficace que tu ne l'as jamais été. Ne fais pas des économies de bouts de chandelles.

– Qu'est-ce que tu veux dire?

– Pense à ceux qui disent qu'ils n'ont pas le temps de faire une copie de sauvegarde de leur travail à l'ordinateur parce qu'ils sont trop occupés à s'en servir. Et pourtant, quand ces appareils tombent en panne et que des mois de travail important sont perdus, ils regrettent de n'avoir pas pris quelques minutes par jour pour sauvegarder leurs fichiers. Est-ce que tu vois ce que je veux dire?

– Il faut que je détermine l'ordre de mes priorités?

– Exactement. N'essaie pas de vivre ta vie, entravé par les chaînes de ton emploi du temps. Concentre-toi plutôt sur ces choses que ta conscience et ton cœur te disent de faire. Lorsque tu investiras en toi-même et que tu commenceras à consacrer du temps à l'amélioration de ton esprit, de ton corps et de ta volonté, tu te sentiras comme si tu avais en toi un navigateur personnel, qui te dit ce que tu dois faire pour obtenir les résultats les meilleurs et les plus satisfaisants. Tu cesseras de t'inquiéter au sujet de l'heure et tu commenceras à vivre ta vie.

– Excellente objection. Donc, quel était ce simple sous-rituel que tu étais sur le point de m'enseigner?» demandai-je.

– Lis régulièrement. Si tu lis trente minutes par jour, cela fera merveille. Mais je dois te mettre en garde. Ne lis pas n'importe quoi. Il faut que tu sois très sélectif en ce qui concerne ce que tu mets dans le jardin fertile de ton esprit. Il faut que ce soit immensément nourrissant. Il faut que ce soit quelque chose qui va non seulement t'améliorer mais aussi améliorer la qualité de ta vie.

– Que lisent les sages?

– Ils passent un bon nombre d'heures à lire et à relire les préceptes de leurs ancêtres. Ils dévorent ces textes philosophiques. Je revois encore ces gens merveilleux assis sur leurs petites chaises de bambou, en train de lire leurs livres étrangement reliés, des sourires subtils voltigeant sur leurs lèvres. C'est à Sivana que j'ai vraiment appris le pouvoir du livre et le principe voulant qu'un livre soit le meilleur ami du sage.

– Je devrais donc commencer à lire tous les bons livres sur lesquels je peux mettre la main?

– Oui et non», répondit-il. «Je ne te dirai jamais de ne pas lire autant de livres que tu peux le faire. Mais rappelle-toi que certains livres doivent être savourés, comme certains livres sont faits pour être mâchés et, finalement, certains livres sont faits pour être avalés en entier. C'est ce qui m'amène à une autre question.

– Tu as faim?

– Non, John», dit Julian en riant. «Je voulais simplement te dire que pour profiter vraiment d'un grand livre, tu dois l'étudier, et pas seulement le lire. Tu dois le parcourir comme tu lis ces contrats que tes gros clients t'amènent pour que tu leur donnes ton opinion juridique. Considère le texte, travaille-le, qu'il devienne partie intégrante de toi-même. Les sages lisent beaucoup de livres de sagesse de leur vaste bibliothèque, au moins dix ou quinze fois. Ils traitent les grands livres comme les Écritures, comme des documents saints d'origine divine.

– Eh bien! La lecture est-elle si importante?

– Trente minutes par jour feront une différence délicieuse dans ta vie parce que tu commenceras rapidement à voir de vastes réserves de connaissances dont tu peux disposer. Chaque réponse à chaque problème que tu as jamais eu à résoudre est déjà imprimée. Si tu veux être un meilleur avocat, un meilleur père, un meilleur ami ou un meilleur homme, certains livres te diront comment atteindre rapidement ces objectifs. Toutes les erreurs que tu commettras jamais dans ta vie ont déjà été commises par tous ceux qui ont vécu avant toi. Est-ce que tu crois vraiment que les défis qui se présentent à toi te sont propres?

– Je n'ai jamais pensé à cela, Julian, mais je vois ce que tu veux dire, et je sais que tu as raison.

– Tous les problèmes que n'importe qui a jamais eus et aura jamais durant le cours de sa vie ont déjà été posés», affirma Julian. «Mais plus important encore, les réponses et les solutions sont toutes inscrites dans les pages des livres. Lis les bons livres. Apprends comment ceux qui t'ont précédé ont traité les défis auxquels tu fais face actuellement. Utilise leurs stratégies et tu seras surpris par les améliorations que tu remarqueras dans ta vie.

– Quels sont exactement ces "bons livres"?» demandai-je en me rendant compte rapidement que Julian venait de me révéler quelque chose d'excellent.

– Je laisse cela à ton jugement, mon ami. Personnellement, depuis que je suis revenu d'Orient, je passe la plus grande partie de ma journée à lire les biographies des hommes et des femmes que j'ai appris à admirer, et beaucoup de livres sur la sagesse.

– Y a-t-il des titres que tu pourrais recommander à un disciple empressé?» dis-je avec un grand sourire.

– Bien sûr. Tu aimeras la biographie d'un grand Américain, Benjamin Franklin. Je crois que tu trouveras aussi beaucoup d'intérêt à l'autobiographie de Mahatma Gandhi intitulée *L'Histoire de mon expérience de la vérité*. Je suggère aussi que tu lises *Siddharta* par Hermann Hesse, la philosophie extrêmement pratique de Marc-Aurèle et certaines des œuvres de Sénèque. Tu pourrais même lire *Réfléchissez et devenez riche* par Napoleon Hill. Je l'ai lu la semaine dernière et je l'ai trouvé très profond.

«*Réfléchissez et devenez riche**!», m'exclamai-je, «mais je croyais que tu avais abandonné tout ça après ta crise cardiaque. J'en ai vraiment par-dessus la tête de tous ces "guides

---

*   Produit aux éditions Un monde différent sous format de cassette audio.

pour s'enrichir rapidement" qui sont vendus par tous ces charlatans qui exploitent les gens vulnérables.

– Doucement, mon vieux! Je suis tout à fait d'accord avec toi», me dit Julian avec toute la cordialité et la patience d'un grand-père aimant et sage. «Moi aussi, je veux que notre société retrouve une certaine morale. Ce petit livre ne concerne pas la façon de faire beaucoup d'argent, il traite de la façon d'enrichir sa vie. Je suis le premier à te dire qu'il y a une immense différence entre le bien-être et la richesse. Je l'ai lu et je connais la douleur d'une vie dont le maître est l'argent. *Réfléchissez et devenez riche* concerne l'abondance, y compris l'abondance spirituelle, et comment attirer tout ce qui est bon dans ta vie. Tu ferais bien de le lire, mais je n' insiste pas.

– Excuse-moi, Julian. Je ne voulais pas avoir l'air d'un avocat agressif. Je suppose que je m'emporte quelquefois. Voilà une autre chose que je dois améliorer. Je te suis vraiment reconnaissant pour tout ce que tu es en train de partager avec moi.

– Il n'y a pas de problème, tout cela est passé. Je te suggère simplement de lire et de continuer à lire. Veux-tu savoir ce qui est intéressant aussi?

– Quoi?

– Ce n'est pas ce que tu vas retirer des livres qui est tellement enrichissant – c'est ce que les livres vont retirer de toi qui, en dernière analyse, changera ta vie. Vois-tu, John, les livres en fait ne t'enseignent rien de nouveau.

– Vraiment?

– Vraiment. Les livres t'aident simplement à voir ce qui est déjà en toi. C'est ça l'édification. Après avoir voyagé et exploré, j'ai découvert qu'en fait j'étais revenu au point de départ d'où j'étais parti lorsque j'étais un jeune garçon. Et maintenant, je me connais et je sais ce que je suis et ce que je peux être.

– Donc, le "Rituel de la Richesse des connaissances" ne concerne pas la lecture, mais l'exploration de toute l'abondance d'information que contiennent les livres?

– En partie seulement. Pour le moment, lis durant trente minutes tous les jours. Le reste viendra naturellement», dit Julian sur un ton mystérieux.

– D'accord. Et quel est le "Cinquième Rituel de la Vie rayonnante"?

– C'est le "Rituel de la Réflexion personnelle". Les sages croyaient fermement au pouvoir de la contemplation intérieure. En prenant le temps de te connaître, tu communiqueras avec une dimension de ton être que tu ne connaissais pas.

– Ça m'a l'air assez profond.

– En fait, c'est un concept très pratique. Vois-tu, nous avons tous un grand nombre de talents qui sommeillent en nous. En prenant le temps de les connaître, nous les stimulons. Cependant, la contemplation silencieuse nous apporte même plus que cela. Cette pratique te rendra plus fort, plus à l'aise avec toi-même, plus sage. C'est une utilisation très gratifiante de ton esprit.

– Je n'ai pas tout à fait compris le concept, Julian.

– Bon, moi aussi, j'ai eu quelques difficultés au début. Essentiellement, la réflexion personnelle n'est rien d'autre que l'habitude de penser.

– Mais est-ce que nous ne pensons pas tous? N'est-ce pas le propre de l'être humain?

– Eh bien, la plupart d'entre nous pensons. Le problème est que la plupart des gens pensent suffisamment pour survivre. Ce dont je te parle c'est de penser suffisamment pour te développer. Quand tu liras la biographie de Benjamin Franklin, tu verras ce que je veux dire. Chaque soir, après une bonne journée de travail productif, il se retirait dans un coin calme de sa maison et réfléchissait à sa journée. Il examinait tous ses actes et déterminait s'ils étaient positifs et constructifs ou s'ils étaient plutôt négatifs et qu'il fallait y remédier. En sachant clairement ce qu'il ne faisait pas bien au cours de ses journées, il pouvait prendre des mesures immédiates pour s'améliorer et avancer le long du chemin de la maîtrise de soi. Les sages font la même chose. Chaque soir, ils se retirent dans le sanctuaire de leurs huttes recouvertes de pétales de roses parfumés, ils s'assoient et se plongent dans une profonde contemplation. Yogi Raman fait l'inventaire écrit de sa journée.

– Quel genre de choses note-t-il?» demandai-je.

– Premièrement, il fait la liste de toutes ses activités, depuis les soins personnels du matin jusqu'à ses interactions avec les autres sages et à ses excursions dans la forêt à la recherche de petit bois ou de nourriture fraîche. Ce qui est intéressant, c'est qu'il consigne aussi les pensées qui lui ont traversé l'esprit durant cette journée en particulier.

– N'est-ce pas difficile à faire? Je peux à peine me rappeler ce que j'ai pensé il y a cinq minutes, et encore moins ce que j'ai pensé il y a douze heures.

– Ce n'est pas difficile si tu t'exerces quotidiennement à ce rituel. Tu vois, n'importe qui peut atteindre le genre de résultats que j'ai atteints, n'importe qui. Le vrai problème, c'est qu'un trop grand nombre de gens souffrent de cette horrible maladie connue sous le nom de *excusitus*.

– Je crois que j'ai dû l'attraper par le passé», dis-je, sachant parfaitement ce que mon sage ami était en train de dire.

– Cesse de te trouver des excuses et fais-le!» s'exclama Julian, dont la voix résonnait de toute la force de sa conviction.

– Faire quoi?

– Prends le temps de penser. Prends l'habitude de faire régulièrement une introspection personnelle. Quand Yogi

Raman a dressé la liste de tout ce qu'il a fait et de tout ce qu'il a pensé dans une colonne, il en fait alors l'évaluation dans une autre colonne. Lorsqu'il a relaté toutes ses activités et toutes ses pensées sous la forme écrite, il se demande si elles étaient de nature positive. Si tel était le cas, il prenait la résolution de continuer à leur accorder sa précieuse énergie, parce qu'à long terme, elles lui rapporteraient d'immenses dividendes.

– Et si elles sont négatives?

– Alors, il détermine clairement les mesures qu'il faut prendre pour s'en débarrasser.

– Je crois qu'un exemple pourrait m'aider.

– Est-ce qu'il peut être personnel?» demanda Julian.

– Bien sûr, j'aimerais connaître certaines de tes pensées les plus intimes», lui dis-je.

– En réalité, je pensais aux tiennes.»

Nous nous mîmes à pouffer de rire comme deux enfants dans une cour de récréation.

– Oh, d'accord. Tu as toujours fait ce que tu voulais.

– Bon, examinons quelques-unes des choses que tu as faites aujourd'hui. Notes-les sur ce morceau de papier sur ta table de salon», m'ordonna Julian.

Je commençais à me rendre compte que quelque chose d'important était sur le point de se passer. C'était la première fois depuis des années que j'avais vraiment pris le temps de ne rien faire pour réfléchir aux choses que je faisais et aux pensées qui me traversaient l'esprit. Tout cela était tellement étrange, mais pourtant tellement intelligent. Après tout, comment pouvais-je jamais espérer m'améliorer et améliorer ma vie si je ne prenais même pas le temps de comprendre ce que j'étais censé améliorer?

– Par où dois-je commencer?

– Commence par ce que tu as fait ce matin et continue progressivement à travers la journée. Note simplement les faits saillants, nous avons beaucoup de choses à voir, et je veux retourner à la fable de Yogi Raman dans quelques minutes.

– Eh bien, je me suis levé à 6 h 30 au son de mon coq électrique», dis-je en plaisantant.

– Sois sérieux et continue», répliqua Julian fermement.

– D'accord, puis j'ai pris ma douche, je me suis rasé, j'ai avalé une gaufre et je me suis précipité au bureau.

– Et ta famille?

– Ils étaient tous endormis. En tout cas, une fois que je suis arrivé au bureau, j'ai remarqué que mon client qui avait rendez-vous à sept heures trente attendait depuis sept heures et tu peux t'imaginer à quel point il était furieux!

– Quelle a été ta réaction?

– Je me suis battu, qu'est-ce que tu voulais que je fasse? Je ne pouvais pas le laisser me malmener!

– Mmmm, d'accord, ensuite, qu'est-il arrivé?

– Eh bien, les choses ont été de mal en pis. On m'a appelé du palais de justice et on m'a dit que le juge Wildabest avait besoin de me voir dans son bureau, et que si je ne m'y trouvais pas dans dix minutes, "les têtes commenceraient à tomber". Tu te rappelles du juge Wildabest, n'est-ce pas? Tu es celui qui l'a nommé le juge "Bête sauvage" quand il t'a condamné pour outrage au tribunal parce que tu avais garé ta Ferrari dans le stationnement qui lui était réservé!» me rappelais-je en éclatant de rire.

– Il fallait que tu en reparles, n'est-ce pas?» répliqua Julian, les yeux brillants de la malice qui l'avait rendu célèbre.

– En tout cas, je me suis précipité au palais de justice et je me suis encore disputé avec l'un des commis. Quand je suis revenu au bureau, il y avait vingt-sept messages téléphoniques qui m'attendaient, tous précisaient "urgent". Est-ce que je dois continuer?

– Je t'en prie.

– Eh bien, quand j'étais sur le chemin de la maison, Jenny m'a téléphoné dans la voiture et m'a demandé de m'arrêter chez sa mère et de ramener une de ces tartes qui font la célébrité de ma belle-mère. Le problème c'est qu'au moment où j'ai pris cette sortie, je me suis retrouvé au milieu d'un embouteillage monstre. Donc, une fois arrivé là-bas, en pleine heure de pointe, par trente-cinq degrés, je tremblais de stress, sentant que le temps continuait à s'enfuir.

– Quelle a été ta réaction?

– J'ai maudit la circulation», dis-je avec une parfaite honnêteté. «En fait, je hurlais dans ma voiture. Tu veux savoir ce que je disais?

– Je ne crois pas que ce soit le genre de choses qui nourriraient le jardin de mon esprit», répondit Julian avec un doux sourire.

– Mais ça pourrait faire un bon fumier.

– Non merci, peut-être devrions-nous nous en tenir là. Prends une seconde et examine ta journée. Évidemment, en rétrospective, il y a au moins quelques petites choses que tu ferais différemment si tu en avais l'occasion.

– De toute évidence.

– Comme quoi?

– Eh bien, pour commencer, dans un monde parfait, je me lèverais plus tôt. Je ne crois pas que je me rends service en étant en retard quand j'ouvre les yeux. J'aimerais avoir un peu la paix le matin et commencer tranquillement ma journée. La méthode du "Cœur de la Rose" dont tu m'as parlé tout à l'heure m'a l'air très attirante. Je voudrais aussi prendre le temps d'avoir ma famille autour de moi, même si ce n'est que pour manger un bol de céréales. Cela me donnerait un meilleur sentiment d'équilibre. J'ai toujours l'impression que je ne passe pas assez de temps avec Jenny et les enfants.

– Mais c'est un monde parfait, et tu as une vie parfaite. Tu as le pouvoir de contrôler ta journée. Tu as aussi le pouvoir d'évoquer de bonnes pensées. Tu as le pouvoir de vivre tes rêves!» fit observer Julian dont la voix s'élevait de plus en plus.

– Je m'en rends compte. J'ai vraiment commencé à sentir que je peux changer.

– Continue à réfléchir à ta journée», me dit-il.

– Bon, j'aurais aimé ne pas accueillir mon client avec des hurlements. J'aurais aimé ne pas me disputer avec l'employé au palais de justice et j'aurais souhaité ne pas vociférer à cause de la circulation.

– La circulation, on s'en fiche, n'est-ce pas?

– Ouais, ça continue à être la circulation», observai-je.

– Je crois que tu peux voir maintenant le pouvoir du "Rituel de la Réflexion personnelle". En examinant ce que tu fais, ta façon de passer ta journée et les pensées qui te traversent l'esprit, tu te donnes un étalon pour mesurer les améliorations. La seule façon d'améliorer le lendemain, c'est de savoir ce que tu n'as pas bien fait aujourd'hui.

– Et faut-il proposer un plan afin que les choses ne se répètent pas?» ajoutai-je.

– Précisément. Il n'y a rien de mal à commettre des erreurs. Les erreurs font partie de la vie et sont essentielles pour la croissance. C'est comme ce proverbe qui dit: "Le bonheur vient grâce à un bon jugement, le bon jugement vient grâce à

l'expérience, et l'expérience vient grâce à un mauvais jugement." Mais il y a quelque chose qui ne va pas du tout quand
on continue à répéter sans arrêt les mêmes erreurs, jour après
jour. Cela démontre une absence totale de prise de conscience,
la qualité qui nous distingue des animaux.

– Je n'avais jamais entendu ça auparavant.

– Eh bien, c'est vrai, seul un être humain peut sortir de
lui-même et analyser ce qu'il fait bien et ce qu'il fait mal. Un
chien ne peut pas faire cela. Un oiseau ne peut pas faire cela.
Même un singe ne peut pas faire cela. Mais toi, tu peux le faire.
C'est le but du "Rituel de la Réflexion personnelle". Détermine ce qui est bien et ce qui est mal dans ta journée et dans ta
vie. Ensuite, prends la résolution de faire des améliorations
immédiates.

– Il y a beaucoup de choses à réfléchir, Julian, beaucoup
de choses à quoi je dois réfléchir», dis-je d'un ton pensif.

– Et que dirais-tu de passer au "Sixième Rituel de la Vie
rayonnante": le "Rituel du Lever matinal.

– Oh la la! Je crois que je sais ce que tu vas dire.

– Un des meilleurs conseils que j'ai reçus dans cette oasis
lointaine de Sivana était qu'il fallait se lever avec le soleil pour
bien commencer la journée. La plupart d'entre nous dorment
beaucoup trop. Une personne moyenne peut se suffire de six
heures de sommeil et rester parfaitement alerte et en bonne
santé. Le sommeil n'est vraiment rien d'autre qu'une habitude, et, comme pour toutes les habitudes, on peut s'habituer
à obtenir les résultats que l'on désire; dans ce cas, dormir
moins longtemps.

– Mais si je me lève trop tôt, je me sens vraiment exténué», dis-je.

– Durant les premiers jours, tu te sentiras très fatigué. Je
suis tout à fait prêt à l'admettre. Tu pourrais même te sentir

comme ça durant la première semaine que tu te lèveras vraiment tôt. Je te prie de voir cela comme une petite mesure d'inconfort à court terme pour une grande mesure d'avantages à long terme. Tu te sentiras toujours un peu mal à l'aise quand tu essaieras d'acquérir une nouvelle habitude. C'est comme de porter une nouvelle paire de chaussures. Au début, c'est un peu pénible, mais bientôt elles nous vont comme un gant. Comme je te l'ai dit tout à l'heure, la douleur est souvent le précurseur de la croissance personnelle. Ne la crains pas. Au contraire, ouvre-lui les bras.

– D'accord, j'aime bien l'idée de m'entraîner à me lever plus tôt. Premièrement, laisse-moi te demander exactement ce que tu veux dire par "tôt"?

– Encore une question intéressante, il n'y a pas d'heure idéale. Comme tout ce que je t'ai dit auparavant, tu dois faire ce qui est bon pour toi. Rappelle-toi la mise en garde de Yogi Raman: "rien à l'excès, tout avec modération".

– Se lever avec le soleil me semble excessif.

– En fait, ça ne l'est pas. Il y a peu de choses aussi naturelles que de se lever avec les premiers rayons glorieux d'une nouvelle journée. Les sages croient que le soleil est un don du ciel. Ils font attention à ne pas trop s'y exposer, mais ils prennent régulièrement des bains de soleil et souvent on peut les voir danser et sauter sous les premiers rayons du soleil. Je crois fermement que c'est une autre explication de leur extraordinaire longévité.

– Est-ce que tu prends des bains de soleil?» demandai-je.

– Absolument. Le soleil me revigore. Quand je suis fatigué, il me met de meilleure humeur. Dans l'ancienne culture de l'Orient, on pensait que le soleil était un lien avec l'âme. Les gens l'adoraient car il permettait à leurs récoltes de prospérer, de même que leurs esprits. La lumière du soleil libérera ta vitalité et te redonnera ton dynamisme émotionnel et physique.

C'est un délicieux médecin, quand on lui rend visite avec modération, bien entendu. Hélas, je m'écarte du sujet. Il s'agit donc de se lever tôt tous les matins.

«Mmmm. Comment puis-je intégrer ce rituel dans mes habitudes quotidiennes?

– Voilà quelques petits trucs. Premièrement, n'oublie jamais que c'est la qualité et non pas la quantité du sommeil qui est importante. Il vaut mieux dormir pendant six heures d'un sommeil profond et ininterrompu que même dix heures de sommeil agité. En fait, l'idée consiste à fournir à ton corps le repos afin que ses processus naturels puissent réparer et restaurer ton état physique pour l'amener à un état de santé, un état qui a été diminué par les stress et les batailles de la journée. Bien des personnes préfèrent un repos de qualité plutôt qu'une grande quantité d'heures de sommeil. Par exemple, Yogi Raman ne mange jamais après vingt heures. Il dit que l'activité digestive réduit la qualité de son sommeil. Un autre exemple est l'habitude des sages de méditer au son mélodieux de leur harpe immédiatement avant de s'endormir.

– Quelle en était la raison?

– Laisse-moi te demander quelque chose, John. Qu'est-ce que tu fais avant de t'endormir chaque soir?

– Je regarde les nouvelles avec Jenny, comme tous les gens que je connais.

– C'est bien ce que je pensais», répliqua Julian avec une lueur mystérieuse dans les yeux.

– Je ne comprends pas, qu'est-ce qu'il y a de mal à écouter un petit peu les nouvelles avant d'aller se coucher?

– Les dix minutes qui précèdent ton endormissement et les dix minutes qui suivent le moment où tu te réveilles influent profondément sur ton inconscient. Il ne faut permettre

155

qu'à des pensées sereines qui vont t'inspirer de pénétrer dans ton esprit à ces moments-là.

– À t'entendre parler, on dirait que l'esprit est un ordinateur.

– C'est une assez bonne façon de le percevoir, c'est ce que tu y introduis qui va en sortir. Et ce qui est encore plus important, c'est le fait que tu sois le seul programmeur. En déterminant les pensées que tu vas laisser pénétrer dans ton esprit, tu détermines aussi précisément ce qui va en sortir. Donc, avant d'aller te coucher, ne regarde pas les nouvelles ou ne discute pas avec quelqu'un, et même ne revois pas mentalement les événements de la journée. Détends-toi. Bois une tasse de tisane, si tu veux. Écoute un peu de musique classique et prépare-toi à t'enfoncer dans un sommeil riche et réparateur.

– Ça m'a l'air logique, mieux je dormirai, et moins j'en aurai besoin.

– Exactement, mais rappelle-toi l'ancienne règle des 21 jours: si tu fais quelque chose durant 21 jours d'affilée, cette chose deviendra une habitude. Continue donc à te lever tôt durant environ trois semaines avant d'abandonner parce que c'est trop pénible. À ce moment-là, cette habitude fera partie de ta vie. Très rapidement, tu seras capable de te lever à 5 h 30 et même à 5 h avec facilité, prêt à savourer la splendeur d'une autre journée magnifique.

– D'accord, alors disons que je me lève tous les jours à 5 h 30. Qu'est-ce que je fais?

– Ta question m'indique ce que tu penses, mon ami. Je l'apprécie. Une fois que tu es debout, il y a beaucoup de choses que tu peux faire. Le principe fondamental qu'il faut garder à l'esprit, c'est qu'il faut *bien commencer ta journée*. Comme je te l'ai laissé entendre, ce que tu penses et ce que tu fais pendant les dix premières minutes après ton réveil ont un effet très important sur le reste de ta journée.

– Sérieusement?

– Absolument. Pense à des choses positives. Fais une prière de remerciement pour tout ce que tu as. Travaille à ta liste de gratitude. Écoute un peu de grande musique. Regarde le soleil se lever. Ou bien fais une promenade rapide dans la nature si tu en as envie. Les sages se forcent à rire, qu'ils en aient envie ou pas, uniquement pour faire circuler la "sève du bonheur" tôt le matin.

«Julian, j'essaie très fort de garder ma tasse vide, et je pense que tu seras d'accord que je ne m'en suis pas trop mal tiré pour un novice. Mais ça, vraiment, ça m'a l'air bizarre, même pour une bande de moines qui vivent perchés sur l'Himalaya.

– Et pourtant, ça ne l'est pas. Peux-tu deviner combien de fois par jour un enfant de quatre ans rit?

– Qui sait?

– Moi je le sais, trois cents fois. Et maintenant, peux-tu deviner combien de fois l'adulte moyen rit dans notre société durant une journée?

– Cinquante fois?» dis-je, pas très sûr de moi.

– C'est plutôt quinze», dit Julian en souriant de satisfaction. «Tu vois ce que je veux dire? Le rire est le médicament de l'âme. Même si tu n'en as pas envie, regarde-toi dans le miroir et ris durant deux minutes. Tu ne pourras pas t'empêcher de te sentir fantastiquement bien. William James disait: "Nous ne rions pas parce que nous sommes heureux. Nous sommes heureux parce que nous rions." Commence donc ta journée sur un bon pied. Ris, joue et remercie le ciel pour tout ce que tu as. Chaque jour sera une journée exquise.

– Qu'est-ce que tu fais pour commencer ta journée du bon pied?

– En fait, j'ai mis au point une petite routine matinale assez perfectionnée, qui comprend tout depuis le "Cœur de la Rose" jusqu'à boire deux verres de jus de fruits frais. Mais il y a aussi une stratégie en particulier dont j'aimerais te parler.

– Ça m'a l'air important.

– Ça l'est. Peu après que tu te sois réveillé, va dans ton sanctuaire de silence. Reste immobile et concentre-toi. Puis, pose-toi cette question: "Qu'est ce que je ferais aujourd'hui si c'était ma dernière journée sur terre?" La clé, c'est de vraiment se poser cette question. Fais-toi mentalement la liste de tout ce que tu ferais, les gens que tu appellerais et les moments que tu savourerais. Imagine-toi en train de faire ces choses avec beaucoup d'énergie. Visualise comment tu traiterais ta famille et tes amis. Imagine-toi comment tu traiterais même les étrangers si aujourd'hui était ta dernière journée sur cette planète. Comme je te l'ai dit tout à l'heure, quand tu vis chaque jour comme si c'était ton dernier jour, ta vie revêt une dimension magique. Et ceci m'amène au "Septième Rituel de la Vie rayonnante": le "Rituel de la Musique"».

– Je crois que je vais aimer celui-là», répliquai-je.

– Je suis sûr que tu l'aimeras. Les sages adorent la musique. Elle leur donne la même stimulation spirituelle que le soleil. La musique les fait rire, elle les fait danser, et elle les fait chanter. Elle fera la même chose pour toi. N'oublie jamais le pouvoir de la musique. Passe un peu de temps avec la musique tous les jours, même s'il s'agit d'écouter un morceau de musique douce sur une cassette pendant que tu conduis pour aller au bureau. Lorsque tu te sens fatigué ou démoralisé, écoute un peu de musique. C'est l'un des plus grands facteurs de motivation que je connaisse.

– À part toi!» m'exclamai-je avec sincérité. «Rien que de t'écouter, je me sens déjà formidablement bien. Tu as vraiment changé, Julian, et pas seulement à l'extérieur. Ton vieux cynisme a disparu. Ta négativité a disparu. Ta vieille agressivité a disparu. Tu as vraiment l'air d'être en paix avec toi-même. Tu m'as touché ce soir.

– Hé, il y a encore d'autres choses!» s'écria Julian en dressant son poing en l'air. «On continue?

– La question ne se pose même pas.

– D'accord, le "Huitième Rituel de la Vie rayonnante" est le "Rituel de la Parole". Les sages ont une série de *mantras* qu'ils récitent tous les matins, tous les midis et tous les soirs. Ils m'ont dit que cet exercice est immensément efficace, car il les aide à ne pas perdre leur concentration, et à être vigoureux et heureux.

– Qu'est-ce que c'est qu'un *mantra*?» demandai-je.

– Un *mantra* n'est rien d'autre qu'une série de mots mis ensemble pour créer un effet positif. En *sanskrit*, "*man*" signifie "esprit", et "*tra*" signifie "libérer". Donc, un *mantra* est une phrase qui est conçue pour libérer l'esprit. Et, crois-moi John, les *mantras* accomplissent cet objectif de façon très puissante.

– Est-ce que tu te sers de *mantras* tous les jours?

– Certainement. Ce sont mes fidèles compagnons où que j'aille. Parfois, quand je suis dans l'autobus, ou que je vais à pied jusqu'à la bibliothèque, ou que je regarde le monde passer dans un parc, je suis constamment en train d'affirmer que tout va bien avec des mantras.

– Donc, les mantras sont verbalisés?

– Il n'est pas nécessaire qu'ils le soient. Les affirmations écrites sont tout aussi efficaces, mais je trouve que répéter un *mantra* à haute voix exerce un effet merveilleux sur mon esprit. Quand j'ai besoin de me sentir motivé, je répète: "Je suis inspiré, discipliné et plein d'énergie" à haute voix deux cents ou trois cents fois. Pour maintenir ce sentiment suprême de confiance en moi que j'ai cultivé, je répète: "Je suis fort, capable et calme". Je me sers même des *mantras* pour rester jeune et plein de vitalité», admit Julian.

– Comment est-ce qu'un *mantra* peut te garder jeune?

– Les mots ont un effet marqué sur l'esprit. Qu'ils soient écrits ou parlés, ils ont une profonde influence. Ce que tu dis aux autres est important, mais ce qui est encore plus important, c'est ce que tu te dis à toi-même.

– Un monologue silencieux, au fond?

– Exactement. Tu es ce que tu penses toute la journée. Tu es aussi ce que tu te dis toute la journée. Si tu te dis que tu es vieux et fatigué, ce *mantra* se manifestera dans ta réalité extérieure. Si tu dis que tu es faible et que tu n'as pas d'enthousiasme, cela aussi fera partie de la nature de ton monde. Mais si tu te dis que tu es en bonne santé, dynamique et bien vivant, ta vie en sera transformée. Vois-tu, les mots que nous nous disons influent sur l'image de soi, et l'image de soi détermine nos actes. Par exemple, si l'image que tu te fais de toi-même est celle d'une personne qui n'a pas suffisamment confiance en elle pour faire des choses importantes, tu ne pourras faire que des choses sans importance. D'autre part, si l'image que tu te fais de toi est celle d'une personne rayonnante et sans peur, tous tes actes correspondront à ces qualités. L'image de soi est en quelque sorte une prophétie.

– Comment cela?

– Si tu crois que tu es incapable de faire quelque chose, par exemple trouver l'âme sœur, ou vivre une vie sans stress, tes convictions auront un effet sur l'image que tu te fais de toi-même. À son tour, cette image t'empêchera de faire ce que tu dois faire pour trouver l'âme sœur ou pour créer une vie pleine de sérénité pour toi-même. En fait, elle sabotera tous les efforts que tu pourrais faire dans ce sens.

– Pourquoi est-ce que ça fonctionne comme ça?

– C'est simple. L'image de soi est une sorte de gouvernail. Il ne te laissera jamais agir d'une façon qui n'est pas cohérente. Mais ce qui est merveilleux, c'est qu'on peut modifier l'image de soi, tout comme on peut tout modifier dans sa vie si quelque chose ne sert pas à l'embellir. Les *mantras* sont un excellent moyen d'atteindre cet objectif.

– Et lorsque je modifie mon monde intérieur, je change mon monde extérieur», dis-je docilement.

– Oh, comme tu apprends vite», dit Julian en levant son pouce vers le plafond, signe qu'il avait tellement utilisé dans sa vie de grand ténor du Barreau.

– Ce qui nous amène tout doucement au "Neuvième Rituel de la Vie rayonnante". C'est le "Rituel de la Conformité aux principes". C'est une sorte de concept parallèle à l'image de soi dont nous parlions. En quelques mots, ce rituel exige que tu fasses tous les jours quelque chose qui va augmenter régulièrement ta force de caractère. Travailler ta force de caractère a un effet sur la façon dont tu te perçois et sur tes actes. Les actes que tu fais se rassemblent pour former des habitudes et, cela est important, tes habitudes te mènent à ton destin. Yogi Raman a trouvé une formule très imagée lorsqu'il disait: "Tu plantes une pensée, tu récoltes une action. Tu plantes une action, tu récoltes une habitude. Tu plantes une habitude, tu récoltes la force de caractère. Tu plantes la force de caractère, tu récoltes ta destinée."

– Que dois-je faire pour augmenter ma force de caractère?

– Tout ce qui te permet de cultiver tes vertus. Avant que tu me demandes ce que je veux dire par "vertu", laisse-moi clarifier le concept. Les sages de l'Himalaya croient fortement qu'une vie vertueuse est une vie significative. Par conséquent, tous leurs actes sont régis par une série de principes éternels.

– Mais tu as dit, il me semble que leur vie est régie par leurs buts?

– Oui, c'est le cas, mais leur mode de vie exige aussi qu'ils vivent d'une façon qui corresponde à ces principes, des principes chers au cœur de leurs ancêtres durant des milliers d'années.

– Quels sont ces principes, Julian?» demandai-je.

– En quelques mots, ce sont: le labeur, la compassion, l'humilité, la patience, l'honnêteté et le courage. Quand tous tes actes seront conformes à ces principes, tu éprouveras un profond sentiment d'harmonie et de paix. Vivre de cette façon t'amènera inévitablement au succès spirituel car tu feras tout ce qui est juste. Tu agiras d'une façon qui correspond aux lois de la nature et aux lois de l'univers. C'est à ce moment-là que tu commenceras à utiliser une énergie d'une autre dimension. Appelle cela un pouvoir suprême ou supérieur, comme tu voudras. C'est aussi le moment où ta vie passera de l'ordinaire au royaume de l'extraordinaire, et que tu commenceras à sentir le caractère sacré de ta nature. C'est la première étape vers l'édification.

– As-tu fait cette expérience?» lui demandai-je.

– Je l'ai faite, et crois-moi tu la feras aussi. Fais tout ce qui est juste, agis d'une façon qui soit conforme à ta vraie nature. Agis avec intégrité, laisse-toi guider par ton cœur. Le reste se fera tout seul. Tu n'es jamais seul, tu sais», répliqua Julian.

– Qu'est-ce que tu veux dire?

– Je te l'expliquerai une autre fois peut-être. Pour le moment, rappelle-toi que tu dois faire de petites choses tous les jours pour augmenter ta force de caractère. Comme le disait Ralph Waldo Emerson: "La force de caractère est plus importante que l'intelligence. Une grande âme aura la force de vivre aussi bien que celle de penser." Ta force de caractère augmente quand tu agis d'une façon qui est conforme aux principes que je viens de mentionner. Si tu ne le fais pas, le vrai bonheur t'échappera toujours.

– Et quel est le dernier rituel?

– C'est un rituel extrêmement important: le "Rituel de la Simplicité". Ce rituel exige que tu mènes une vie simple. Comme l'a dit Yogi Raman: "Concentre-toi seulement sur tes priorités, sur les activités qui ont vraiment un sens. Tu mèneras une vie qui ne sera pas encombrée, qui t'apportera des satisfactions, et qui sera exceptionnellement paisible. Je te le promets."

– Il avait raison. Dès que j'ai commencé à séparer le bon grain de l'ivraie, l'harmonie a rempli ma vie. J'ai cessé de vivre au rythme frénétique auquel je m'étais accoutumé. J'ai cessé de vivre au centre de la tornade. Au lieu de cela, j'ai ralenti et j'ai pris le temps de humer le parfum des roses.

– Qu'as-tu fait pour cultiver la simplicité?

– J'ai cessé de porter des vêtements coûteux, j'ai cessé de lire les six journaux que je lisais tous les jours. J'ai cessé d'être disponible tout le temps pour tout le monde. Je suis devenu végétarien et j'ai mangé moins. Essentiellement, j'ai diminué mes besoins. Vois-tu, John, à moins que tu ne diminues tes besoins, tu ne seras jamais satisfait. Tu vivras toujours comme un joueur à Las Vegas, collé à la roulette en attendant "encore un tour" dans l'espoir que la boule s'arrêtera sur ton numéro chanceux. Tu désireras toujours davantage que tu n'as déjà. Comment peux-tu être heureux?

– Mais tout à l'heure tu m'as dit que le bonheur venait de l'accomplissement. Maintenant, tu me dis de diminuer mes besoins et de me satisfaire de moins de choses. Est-ce que ce n'est pas un paradoxe?

– Excellent, John. En fait, c'est brillant. Cela peut sembler être une contradiction, mais ça ne l'est pas. Le bonheur durable vient lorsqu'on s'efforce de réaliser ses rêves. Tu donnes le meilleur de toi-même lorsque tu avances. La clé consiste à ne pas faire dépendre le bonheur de cette perpétuelle chasse au trésor. Par exemple, j'ai été multimillionnaire, et pourtant je me disais que le succès serait d'avoir trois cents millions de dollars dans mon compte en banque. C'était une recette de désastre garanti.

– Trois cents millions ?» demandai-je, incrédule.

– Trois cents millions. Je n'étais donc jamais satisfait et j'étais toujours malheureux. Ce n'était rien d'autre que de la cupidité. Je peux l'admettre maintenant sans problème. C'était un peu l'histoire du roi Midas. Je suis sûr que tu connais cette histoire, n'est-ce pas ?

– Bien sûr, l'homme qui aimait tellement l'or qu'il priait pour que tout ce qu'il touche se transforme en or. Lorsque son vœu s'est réalisé, il s'est réjoui, jusqu'au moment où il s'est aperçu qu'il ne pouvait pas manger parce que ses aliments se transformaient en or, et ainsi de suite.

– Exactement. De même, j'étais tellement obsédé par l'argent que je ne pouvais pas apprécier tout ce que je possédais. Tu sais, à un certain moment, tout ce que je pouvais manger et boire, c'était du pain et de l'eau», dit Julian, qui devint très calme et très pensif.

– Tu es sérieux ? J'ai toujours pensé que tu mangeais dans les meilleurs restaurants avec toutes les célébrités.

– Ça, c'était au début. Peu de gens le savent, mais ma vie déséquilibrée m'a donné un ulcère qui saignait. Je ne pouvais même pas manger une saucisse sans être malade. Quelle vie! Tout cet argent, et tout ce que je pouvais manger c'était du pain et boire de l'eau. C'était vraiment pathétique.» Julian se reprit. «Mais je ne suis pas ici pour revivre le passé. C'était une autre grande leçon de la vie. Comme je te l'ai dit tout à l'heure, la douleur est un maître puissant. Pour transcender la douleur, il a fallu d'abord que j'en fasse l'expérience. Je ne serais pas où j'en suis aujourd'hui sans elle», dit-il stoïquement.

– As-tu une idée de la façon dont je devrais introduire le "Rituel de la Simplicité" dans ma vie?» lui demandai-je.

– Il y a tant de choses que tu peux faire, même les petites feront une différence.

– Comme quoi, par exemple?

– Cesse de décrocher le téléphone chaque fois qu'il sonne, cesse de perdre ton temps à lire tous ces prospectus que tu reçois, cesse de manger au restaurant trois fois par semaine, abandonne ton adhésion au club de golf et consacre plus de temps à tes enfants, passe une journée par semaine sans ta montre, regarde le soleil se lever une fois de temps en temps, vends ton téléphone portable et débarrasse-toi de ton téléavertisseur. Faut-il que je continue?» demanda Julian, inutilement.

– J'ai compris, mais il me faut vendre mon téléphone cellulaire?», dis-je aussi anxieux que s'il m'avait suggéré de me couper le cordon ombilical. «Comme je te l'ai dit, mon devoir consiste à partager la sagesse que j'ai acquise durant mes voyages. Tu n'as pas besoin de mettre en application chaque stratégie pour que ta vie s'améliore. Essaie les méthodes et utilise celles que tu estimes être bonnes pour toi.

– Je sais. Rien d'excessif, tout en modération.

– Précisément.

– Je dois admettre cependant, que chacune de tes méthodes me semble formidable. Mais vont-elles vraiment produire de profonds changements dans ma vie en trente jours seulement?

– Ça te prendra même moins que trente jours», dit Julian avec son sourire malicieux.

– Et nous y revoilà. Explique, Ô Sage.

– "Julian" sera suffisant, bien que "Ô Sage" aurait été formidable comme en-tête sur mon ancien papier à lettre», dit-il en plaisantant. «Je dis que cela te prendra moins de trente jours car les vrais changements de la vie sont spontanés.

– Spontanés?

– Oui, ils se produisent en un clin d'œil, dès le moment où tu décides profondément de mener ta vie à son point le plus élevé. Dès cet instant, tu seras une personne différente, une personne qui commence à accomplir son destin.

– Et pourquoi plus longtemps que trente jours?

– Je te promets que si tu mets en application ces méthodes et que tu utilises ces outils, tu verras des progrès remarquables en un mois. Tu auras plus d'énergie, moins d'inquiétudes, plus de créativité et moins de stress à chaque moment de ta vie. Ceci dit, les méthodes des sages ne sont pas du genre qui réparent tout instantanément. Ce sont des traditions éternelles qui doivent être mises en application quotidiennement, pour le reste de tes jours. Si tu cesses de t'en servir, tu t'apercevras que tu reprends graduellement tes vieilles habitudes.»

Lorsque Julian m'eut expliqué les "Dix Rituels de la Vie rayonnante", il s'arrêta. «Je sais que tu veux que je continue, donc je vais le faire. Je crois si fermement à tout ce dont je te parle que ça ne me dérange pas de rester réveillé toute la nuit. Peut-être est-ce le moment d'approfondir un peu le sujet.

– Qu'est-ce que tu veux dire exactement? Je crois que *tout* ce que j'ai entendu ce soir est assez profond», dis-je avec surprise.

– Les secrets que je t'ai expliqués te permettront, ainsi que tous ceux qui t'entourent, de créer les vies que vous souhaitez, mais il y a autre chose dans cette philosophie des Sages de Sivana. Ce que je t'ai appris jusqu'à maintenant est immensément pratique. Mais tu dois te faire une idée aussi du courant spirituel qui sous-tend les principes dont je t'ai donné un aperçu. Si tu ne comprends pas de quoi je parle, ne t'inquiète pas. Écoute simplement et penses-y un peu, tu finiras par tout assimiler plus tard.

– Lorsque le disciple est prêt, le maître apparaît?

– Précisément», dit Julian qui souriait maintenant. «Tu as toujours été un étudiant rapide.

– D'accord, parle-moi de ces choses spirituelles», dis-je avec énergie, sans me rendre compte qu'il était près de deux heures trente du matin.

– En toi, il y a le soleil, la lune, le ciel et toutes les merveilles de l'univers. L'intelligence qui a créé ces merveilles est la même force qui t'a créé. Toutes les choses autour de toi proviennent de cette même source. Nous sommes tous Un.

– Je ne suis pas sûr que je te suis.

– Chaque être sur cette terre, chaque objet sur cette terre, a une âme. Toutes les âmes sont Une, c'est l'Âme de l'Univers. Vois-tu, John, quand tu nourris ton esprit, tu es vraiment en train de nourrir l'Âme de l'Univers. Quand tu te perfectionnes, tu améliores les vies de toux ceux qui t'entourent. Et quand tu as le courage d'avancer avec confiance dans la direction de tes rêves, tu commences à faire appel au pouvoir de l'univers. Comme je te l'ai dit plus tôt, la vie te donne ce que tu lui demandes. Elle est toujours à l'écoute.

– Donc, la maîtrise de soi et le *kaizen* m'aideront à assister les autres en m'aidant moi-même?

– En quelque sorte, oui. Plus tu t'enrichiras mentalement, plus tu soigneras ton corps, et plus tu nourriras ton esprit, plus tu commenceras à comprendre exactement ce dont je parle.

– Julian, je sais que tes intentions sont excellentes. Mais la maîtrise de soi est un idéal assez élevé pour un père de famille de 100 kilos qui, jusqu'à maintenant, a passé plus de temps à s'occuper d'élargir sa clientèle qu'à se perfectionner. Qu'arrive-t-il si j'échoue?

– L'échec c'est de ne pas avoir le courage d'essayer, rien de plus et rien de moins. Le seul obstacle entre la plupart des gens et leurs rêves est la peur de l'échec. Et pourtant, l'échec est essentiel au succès de tout ce que l'on entreprend. L'échec nous met à l'épreuve et nous permet de mûrir. Il nous offre des leçons et nous guide le long de la voie de l'édification. Les maîtres de l'Orient disent que chaque flèche qui atteint le cœur de la cible est le résultat de cent flèches qui l'ont manqué. C'est une loi fondamentale de la nature que de profiter des pertes. N'aie jamais peur de l'échec, l'échec est ton ami.

– Ouvrir les bras à l'échec?» dis-je, incrédule.

– L'univers favorise les braves. Quand tu prends la résolution, une fois pour toutes, de mener ta vie sur le plan le plus élevé, la force de ton âme te guide. Yogi Raman croyait que le destin de chacun d'entre nous est décidé à sa naissance. Cette voie mène toujours à un lieu magique rempli de trésors magnifiques. Il appartient à chaque être d'acquérir le courage d'emprunter cette voie. Il m'a raconté une histoire que j'aimerais te relater à mon tour. Il était une fois, il y a très longtemps en Inde, un géant maléfique qui possédait un superbe château surplombant la mer. Comme le géant s'était absenté durant de nombreuses années pour combattre dans les guerres, les enfants du village voisin avaient pris l'habitude de venir dans son beau jardin et d'y jouer avec plaisir. Un jour, le géant revint et jeta tous les enfants hors de son jardin. "Ne revenez jamais ici!", dit-il en hurlant et en faisant claquer l'énorme porte de chêne d'un air dégoûté. Ensuite, il fit construire un immense mur de marbre autour de son jardin pour empêcher les enfants d'y pénétrer.

«L'hiver arriva, extrêmement froid, comme il l'est toujours au nord du sous-continent indien. Et le géant aurait bien voulu que la chaleur revienne bientôt. Le printemps arriva dans le village qui se trouvait en contrebas du château du géant. Mais les griffes glaciales de l'hiver refusaient de quitter son jardin. Puis, un jour, finalement, le géant sentit le parfum du printemps et vit le rayonnement du soleil à travers ses fenêtres. "Enfin, le printemps est revenu!", s'écria-t-il en s'élançant dans son jardin. Mais le géant n'était pas prêt à supporter le spectacle qui l'attendait. Les enfants du village étaient arrivés, on ne sait comment, à grimper par-dessus le mur du château et ils étaient en train de jouer dans le jardin. Grâce à leur présence, le jardin avait été transformé en un endroit luxuriant rempli de roses, de jonquilles et d'orchidées. Tous les enfants riaient de joie, sauf l'un d'entre eux. Du coin de l'œil, le géant vit un petit garçon qui était beaucoup plus petit que les autres. Des larmes coulaient sur son visage, car il n'avait pas la force de grimper par-dessus le mur du jardin. Le géant était triste à cause du petit garçon et, pour la première fois de sa vie, il regretta sa méchanceté. "Je vais aider cet enfant", se dit-il en courant vers lui. Quand tous les autres enfants virent le géant arriver, ils s'enfuirent du jardin, craignant pour leur vie. Mais le tout petit garçon ne bougea pas. "Je vais tuer le géant", balbutia-t-il. "Je défendrai notre terrain de jeu."

«Comme le géant approchait de l'enfant, il lui ouvrit les bras. "Je suis un ami", dit-il. "Je suis venu t'aider à passer par-dessus le mur et à entrer dans le jardin. Ce sera maintenant ton jardin." Le petit garçon, qui était devenu désormais un héros pour les autres enfants, se réjouit et donna au géant le collier d'or qu'il avait toujours porté autour du cou. "C'est mon porte-bonheur", dit-il. "Je veux que tu le mettes."

«Depuis ce jour, les enfants jouèrent avec le géant dans son merveilleux jardin, mais le petit garçon courageux que le géant aimait le plus ne revint jamais. Comme le temps passait, le géant tomba malade et ne se remit pas. Les enfants continuaient à jouer dans le jardin, mais le géant ne jouait plus avec eux parce qu'il n'en avait plus la force. Durant ces journées calmes, le géant pensait surtout au petit garçon.

«Un jour, au cœur d'un hiver particulièrement dur, le géant regarda par la fenêtre et vit un spectacle réellement miraculeux: bien que la plus grande partie du jardin fut recouverte de neige, au centre se trouvait un magnifique buisson de roses. Près des roses, se tenait le petit garçon que le géant aimait. Il souriait avec douceur. Le géant dansa de joie et se précipita dehors pour prendre l'enfant dans ses bras. "Où étais-tu durant toutes ces années, mon jeune ami? Tu m'as tellement manqué."

«Le petit garçon lui fit une réponse très réfléchie. "Il y a plusieurs années, tu m'as soulevé au-dessus du mur pour me faire pénétrer dans ton jardin magique. Maintenant, je suis venu pour t'emmener dans mon jardin." Plus tard, ce jour-là, quand les enfants vinrent rendre visite au géant, ils le trouvèrent inanimé sur le sol. Il était recouvert des pieds à la tête de milliers de belles roses.

«Sois toujours courageux, John, comme ce petit garçon. Ne cède jamais le terrain et poursuis tes rêves. Ils te mèneront à ton destin. Suis ton destin, il te mènera à toutes les merveilles de l'univers. Et suis toujours les merveilles de l'univers, car elles te mèneront à un jardin spécial rempli de roses.»

Comme je regardais Julian pour lui dire que son histoire m'avait profondément touché, je vis un spectacle qui me surprit: ce gladiateur du Barreau au cœur de marbre, qui avait passé la plus grande partie de sa vie à défendre des gens riches et célèbres, s'était mis à pleurer.

Chapitre 9
Résumé de l'activité • La sagesse de Julian en peu de mots

Le symbole	

La vertu	Pratiquez le *kaizen*

La sagesse

- La maîtrise de soi est la source de la maîtrise de la vie
- Le succès extérieur commence à l'intérieur
- On mène une vie édifiante en cultivant constamment son esprit, son corps et son âme

Les techniques

- Fais les choses dont tu as peur
- Les Dix Rituels de la Vie rayonnante

Citation à citer

«L'Univers favorise les braves. Lorsque tu prends la résolution de vivre ta vie à son plus haut niveau, ta force d'âme te guidera jusqu'à un lieu magique rempli de trésors magnifiques.»

Le Moine qui vendit sa Ferrari

Le pouvoir de la discipline

« Je suis certain qu'en ce jour nous sommes les maîtres de notre destin, que la tâche qui nous a été dévolue n'est pas au-dessus de nos forces, que les douleurs et les fatigues de cette tâche ne dépasseront pas les limites de mon endurance. Tant que nous aurons foi en notre propre cause et la volonté inébranlable de gagner, la victoire ne nous sera pas refusée. »

Winston Churchill

Julian continua à utiliser la fable mystique de Yogi Raman pour me transmettre la sagesse qu'il avait acquise. Il m'avait appris que mon esprit était un jardin, une réserve de pouvoir et de potentiel. Par l'intermédiaire du symbole du phare, j'avais appris l'importance capitale d'avoir un but clairement défini dans la vie et l'efficacité de l'établissement des objectifs. Grâce à l'exemple du lutteur japonais de 450 kilos, j'avais reçu des instructions au sujet du très ancien concept du *kaizen* et entendu parler des innombrables avantages qu'apporte la maîtrise de soi. Je ne me doutais pas que le meilleur restait encore à venir.

« Tu te rappelleras que notre ami le lutteur de sumo était absolument nu.

– Excepté pour le câble rose qui couvrait son sexe », dis-je courageusement.

– C'est ça», applaudit Julian. «Le câble rose sert à te rappeler le pouvoir de la maîtrise de soi et de la discipline pour construire une vie plus riche, plus heureuse et plus édifiée. Mes maîtres à Sivana étaient indubitablement les gens les plus satisfaits, les plus sereins et les mieux portants que j'ai jamais rencontrés. Ils étaient aussi les plus disciplinés. Ces sages m'ont appris que la vertu de l'autodiscipline est comme un câble électrique. As-tu jamais pris le temps d'étudier un câble électrique, John?

– Cette étude n'a jamais figuré sur ma liste de priorités», avouai-je avec un bref sourire.

– Eh bien, tu devrais y jeter un coup d'œil. Tu verras qu'il est composé d'un grand nombre de fils très fins placés les uns au-dessus des autres. Seul, chacun de ces fils est fragile et faible. Mais, ensemble, leur somme est plus grande que ses composantes et le câble devient plus dur que le fer. La maîtrise de soi et la volonté sont similaires. Pour se forger une volonté de fer, il est essentiel de s'exercer à la vertu de la discipline personnelle par de petits actes, des actes minuscules. S'ils sont faits régulièrement, les petits actes s'accumulent les uns sur les autres et finissent pas constituer une grande force intérieure. C'est peut-être le vieux proverbe africain qui le dit le mieux: "Quand les toiles d'araignée s'unissent, elles ligotent le lion." Quand tu libéreras ta volonté, tu deviendras le maître de ton monde personnel. Quand tu t'exerceras continuellement à l'art ancien de la maîtrise de soi, il n'y aura aucun obstacle que tu ne pourras surmonter, aucun défi que tu ne pourras relever et aucune crise que tu ne pourras résoudre. L'autodiscipline te donnera les réserves mentales nécessaires pour persévérer quand la vie te fera l'un de ses petits croche-pieds.

«Je dois aussi attirer ton attention sur le fait que le manque de volonté est une "maladie de l'esprit"», ajouta Julian en me surprenant. «Si tu souffres de cette faiblesse, il faut que son élimination rapide devienne ta priorité. Une grande volonté et une grande discipline sont les attributs principaux de tous ceux qui ont beaucoup de force de caractère et qui mènent des vies merveilleuses. La volonté te permettra de faire ce que tu as dit que tu ferais, lorsque tu as dit que tu le ferais. C'est la volonté qui te permet de te lever à cinq heures du matin et de cultiver ton esprit grâce à la méditation, ou de le nourrir par une promenade dans les bois lorsqu'un lit douillet essaie de te retenir par une froide journée d'hiver. C'est la volonté qui te permet de te taire quand une personne moins évoluée que toi t'insulte ou fait quelque chose que tu n'approuves pas. C'est la volonté qui te pousse à poursuivre tes rêves quand les obstacles semblent insurmontables. C'est la volonté qui te donne le pouvoir intérieur de tenir les engagements que tu as pris auprès des autres, et, ce qui est peut-être même plus important, les engagements que tu as pris envers toi-même.

– Est-ce vraiment si important?

– Tout à fait, mon ami. C'est la vertu essentielle de chaque être qui s'est créé une vie riche de passion, de possibilités et de paix.»

Ensuite, Julian sortit de sa robe un petit médaillon d'argent, du genre que l'on peut voir dans les musées où l'on expose des objets de l'époque pharaonique.

«Tu n'aurais pas dû», dis-je en plaisantant.

– Les Sages de Sivana m'ont donné ce cadeau au cours de la dernière soirée que j'ai passée avec eux. C'était une soirée joyeuse, conviviale, avec les membres d'une famille qui menait une vie pleine et riche. C'était l'une des nuits les plus extraordinaires et les plus tristes de ma vie. Je ne voulais pas quitter le Nirvana de Sivana. C'était mon sanctuaire, une oasis de tout ce qui était bon dans ce monde. Les sages étaient devenus mes frères et mes sœurs spirituels. J'ai laissé une partie de moi-même là-haut dans l'Himalaya ce soir-là», dit Julian dont la voix s'adoucit.

«Quels sont les mots gravés sur ce médaillon?

– Tiens, je vais te les lire. Ne les oublie jamais, John. Ils m'ont vraiment aidé durant les moments difficiles. Je prie qu'ils t'apportent autant de bien-être durant tes moments difficiles. Écoute:

«Grâce à l'acier de la discipline, tu te forgeras un caractère riche de courage et de paix. Grâce à la vertu de la volonté, tu es destiné à t'élever jusqu'à l'idéal suprême de la vie et à vivre dans un lieu paradisiaque rempli de tout ce qui est bon, joyeux et plein de vitalité. Sans ces qualités, tu es perdu comme un capitaine sans boussole, qui finira par sombrer avec son navire.»

– Je n'ai jamais vraiment pensé à l'importance de la maîtrise de soi, même si bien des fois j'aurais souhaité avoir plus de discipline», lui avouai-je. «Est-ce que tu veux dire que je peux vraiment apprendre à devenir plus discipliné, de la même façon que mon fils adolescent se fait des biceps dans son gymnase?

– L'analogie est excellente. Tu peux travailler ta volonté tout comme ton fils travaille son corps au gymnase. N'importe qui, si faible ou si léthargique soit-il, peut devenir discipliné relativement vite. Le Mahatma Gandhi est un bon exemple. Quand la plupart des gens pensent à ce saint moderne, ils pensent à un homme qui pouvait passer des semaines sans manger, occupé par la poursuite de sa cause, et qui pouvait supporter de grandes douleurs par respect pour ses convictions. Mais lorsqu'on étudie la vie de Gandhi, on voit qu'il n'a pas toujours été un adepte de la maîtrise de soi.

– Tu ne vas pas me dire que Gandhi faisait des orgies de chocolat?

– Non, pas tout à fait, John. Quand il était jeune avocat en Afrique du Sud, il avait tendance à se laisser emporter verbalement, et les disciplines du jeûne et de la méditation lui étaient aussi étrangères que le simple pagne blanc qui, plus tard, devint son signe distinctif.

– Tu veux dire qu'en combinant judicieusement la formation et la préparation, je pourrais avoir le même genre de volonté que le Mahatma Gandhi?

– Chacun est différent. L'un des principes fondamentaux que Yogi Raman m'a enseignés est que les gens réellement édifiés ne cherchent jamais à imiter les autres. Ils cherchent plutôt à être supérieurs à ce qu'ils étaient auparavant. Ne rivalise pas avec les autres. Rivalise avec toi-même.

«Lorsque tu auras acquis la maîtrise de toi, tu auras la résolution nécessaire pour faire les choses que tu as toujours voulu faire. Pour toi, ça pourrait être s'entraîner pour un marathon, ou maîtriser l'art de descendre des chutes d'eau sur un radeau, ou même abandonner le droit pour t'adonner à la peinture. Quel que soit ton rêve, qu'il s'agisse de richesses matérielles ou spirituelles, je ne serai pas ton juge. Je veux simplement te dire que toutes ces choses seront à ta portée quand tu cultiveras les réserves de volonté qui sommeillent en toi.»

Julian ajouta: «Quand tu auras acquis la maîtrise de toi et la discipline, tu éprouveras un extraordinaire sentiment de liberté. Rien que cela changera les choses.

– Que veux-tu dire?

– La plupart des gens possèdent la liberté. Ils peuvent aller où ils veulent et faire les choses qu'ils ont envie de faire. Mais trop de gens sont aussi esclaves de leurs impulsions. Ils sont devenus réactifs plutôt que proactifs, ce qui veut dire qu'ils sont comme l'écume de la mer qui se jette sur les rochers de la côte. Ils vont dans n'importe quelle direction où les pousse la marée. S'ils passent du temps avec leur famille et que quelqu'un les appelle du bureau parce qu'il y a une crise, ils se précipitent, sans prendre le temps de déterminer quelle activité est plus importante pour leur bien-être et le but de leur existence. Donc, après tout ce que j'ai observé au cours de ma vie, tant ici en Occident qu'en Orient, je te dirai que ces gens sont libres, mais qu'ils manquent de liberté. Il leur manque un ingrédient clé pour mener une vie significative et édifiée: la liberté de voir la forêt malgré les arbres, la liberté de choisir ce qui est juste au lieu de ce qui est pressant.»

Je ne pouvais m'empêcher d'être d'accord avec Julian. Bien sûr, je n'avais pas à me plaindre. J'avais une famille formidable, une maison confortable et une nombreuse clientèle. Mais je ne pouvais vraiment pas dire que j'avais la liberté. Mon téléavertisseur faisait tout aussi partie de moi-même que mon bras droit. J'étais toujours pressé. Il semblait que je n'avais jamais le temps de communiquer profondément avec Jenny, et trouver le temps de réfléchir tranquillement tout seul, dans un avenir proche, me semblait aussi peu probable que de remporter le marathon de Boston. Plus j'y pensais, plus je me rendais compte que je n'avais probablement jamais goûté le nectar de la vraie liberté illimitée lorsque j'étais plus jeune. Je crois que j'étais vraiment l'esclave de mes impulsions. J'avais toujours fait ce que tout le monde m'avait dit que je devrais faire.

«Et me forger une plus grande volonté m'apportera une plus grande liberté?

– La liberté est comme une maison: on la construit brique par brique. La première brique que tu dois poser est la volonté. Cette qualité t'inspirera dans tous tes actes. Elle te donnera l'énergie d'agir avec courage. Elle te donnera le contrôle nécessaire pour vivre la vie que tu as imaginée plutôt que d'accepter la vie que tu as.»

Julian me fit observer aussi les nombreux avantages pratiques que la discipline m'apporterait.

«Crois-le ou pas, développer ta volonté pourra éliminer l'habitude de t'inquiéter, te gardera en bonne santé, et te donnera beaucoup plus d'énergie que tu n'en as jamais eue. Vois-tu, John, la maîtrise de soi n'est vraiment rien d'autre que la maîtrise de l'esprit. La volonté est la reine de tous les pouvoirs de l'esprit. Lorsque tu maîtrises ton esprit, tu maîtrises ta vie. La maîtrise mentale commence lorsqu'on est capable de contrôler chacune de ses pensées. Lorsque tu auras acquis la capacité d'éliminer toutes les pensées négatives et de te concentrer uniquement sur celles qui sont bonnes et positives, des actes bons et positifs suivront. Bientôt, tu commenceras à attirer dans ta vie tout ce qui est bon et positif.

« Voici un exemple. Imaginons que l'un de tes buts de développement personnel soit de te lever tous les matins à six heures pour aller courir dans le parc qui est derrière ta maison. Supposons que nous nous trouvions au cœur de l'hiver, et que ton réveil sonne et te tire d'un sommeil profond et délicieux. Ton premier geste sera d'allonger le bras pour pousser le bouton qui t'accordera encore quelques minutes de sommeil. Peut-être que demain tu pourras t'en tenir à tes résolutions et aller courir. Tu refais la même chose durant quelques jours jusqu'au moment où tu décides que tu es trop vieux pour changer et que cet objectif de conditionnement physique n'était pas très réaliste.

– Tu me connais trop bien », dis-je avec sincérité.

– Bon, imaginons maintenant un autre scénario. Nous sommes toujours au cœur de l'hiver. Le réveil sonne et tu commences à penser que ce serait agréable de rester au lit. Mais au lieu d'être l'esclave de tes habitudes, tu leur lances un défi avec des pensées plus puissantes. Tu commences à t'imaginer de quoi tu auras l'air, comment tu te sentiras et comment tu agiras lorsque tu seras en grande forme. Tu entends les nombreux compliments que te feront tes collègues au bureau lorsque tu passeras devant eux avec ta silhouette svelte et musclée. Tu te concentres sur tout ce que tu pourras faire avec l'énergie que t'apportera ton programme d'exercice régulier.

Finies les soirées passées devant la télévision parce que tu es trop fatigué pour faire autre chose après une longue journée au tribunal. Tes journées seront remplies de vitalité, d'enthousiasme et de signification.

– Mais supposons que je fasse tout cela et que j'aie encore envie de me rendormir plutôt que d'aller courir ?

– Au début, durant les premiers jours, ce sera un peu difficile et tu auras envie de reprendre tes vieilles habitudes. Mais Yogi Raman croyait très fermement au principe éternel qui veut que : *le positif surmonte toujours le négatif.* Donc, si tu continues à mener la bataille contre tes pensées les plus négatives qui ont pu s'insinuer silencieusement dans le palais de ton esprit durant des années, finalement, elles verront qu'elles ne sont pas les bienvenues et elles te quitteront comme les visiteurs qui savent que leur présence est indésirable.

– Tu veux dire que les pensées sont des choses physiques ?

– Oui, et elles sont parfaitement à la portée de ton contrôle. Il est tout aussi facile de penser de façon positive que de façon négative.

– Alors, pourquoi est-ce que tant de gens s'inquiètent et ne se préoccupent que de tout ce qui est négatif dans notre monde ?

– Parce qu'ils n'ont pas appris l'art de la maîtrise de soi et de la pensée disciplinée. La plupart des gens à qui j'ai parlé ne se doutent pas qu'ils ont le pouvoir de contrôler chacune de leurs pensées durant chaque seconde de chaque minute de chaque jour. Ils croient que les pensées arrivent tout simplement et ils ne se sont jamais rendu compte que, si tu ne prends pas le temps de commencer à les contrôler, elles te contrôleront. Lorsque tu commences à te concentrer sur les bonnes pensées seulement, et que tu refuses de penser aux mauvaises grâce à ta volonté uniquement, je te promets qu'elles vont rapidement disparaître.»

– Donc, si je veux avoir la force intérieure de me lever plus tôt, de manger moins, de lire davantage, de m'inquiéter moins, et d'être plus patient et plus aimant, tout ce que j'ai à faire, c'est de m'efforcer de purifier mes pensées?

– Quand tu contrôles tes pensées, tu contrôles ton esprit. Quand tu contrôles ton esprit, tu contrôles ta vie. Et quand tu as atteint le stade où tu contrôles totalement ta vie, tu deviens le maître de ton destin.

J'avais besoin d'entendre ces paroles. Tout au long de cette étrange soirée qui m'avait inspiré, j'étais passé de l'avocat cynique qui étudie soigneusement un avocat célèbre devenu yogi, à un croyant dont on avait ouvert les yeux pour la première fois depuis longtemps. J'aurais aimé que Jenny puisse entendre tout cela. En fait, j'aurais aussi aimé que mes enfants entendent toutes ces paroles de sagesse. Je savais qu'elles auraient sur eux le même effet que sur moi. J'avais toujours prévu de devenir un meilleur père de famille et de vivre plus pleinement, mais j'avais toujours trouvé que j'étais trop occupé à éteindre tous ces petits feux que la vie semblait allumer sans arrêt. C'était peut-être une faiblesse de ma part, un manque de maîtrise de soi, ou peut-être était-ce une incapacité de voir la forêt à cause des arbres. La vie passait si rapidement. Hier encore, j'étais un jeune étudiant en droit plein d'énergie et d'enthousiasme.

À cette époque, je rêvais de devenir le chef d'un parti politique ou même un juge de la Cour suprême. Mais, à mesure que le temps passait, je m'enfonçais dans la routine quotidienne. Même quand Julian était un avocat plaidant effronté, il avait l'habitude de me dire que «le contentement de soi tue». Plus j'y pensais, plus je me rendais compte que j'avais perdu mon appétit de la vie. Ce n'était pas l'appétit d'une plus grande maison ou d'une voiture plus rapide. C'était un appétit plus profond, une faim de vivre une vie plus significative, plus réjouissante, et plus satisfaisante.

Je me mis à rêver les yeux ouverts pendant que Julian continuait à parler. Détaché de ce qu'il disait maintenant, je me vis d'abord à cinquante ans et puis à soixante ans. Est-ce que je serais encore coincé dans le même bureau avec les mêmes collègues, faisant face aux mêmes batailles à ce moment-là? Je le craignais. J'avais toujours voulu apporter ma contribution à la société, et je n'étais certainement pas en train de le faire maintenant. Je crois que c'est à ce moment-là, avec Julian assis à mes côtés sur le sol de ma salle de séjour, durant cette chaude nuit d'été, que j'ai changé. Les Japonais appellent cela *satori*, ce qui veut dire *éveil instantané*. C'est exactement ce que c'était. Je décidai de réaliser mes rêves et de transformer ma vie en quelque chose qu'elle n'avait jamais été. Ce fut mon premier instant de vraie liberté, la liberté qui vient lorsqu'on décide une fois pour toutes d'assumer sa vie et tous les éléments qui la composent.

– Je veux te donner une formule pour développer la volonté», disait Julian, qui n'avait pas eu vent de la transformation intérieure dont je venais de faire l'expérience. «La sagesse sans les outils appropriés pour la mettre en application n'est pas de la sagesse du tout.»

Il continua: «Chaque jour, pendant que tu te rends au travail, j'aimerais que tu répètes quelques mots très simples.

– Est-ce l'un de ces mantras dont tu m'as parlé tout à l'heure?» demandai-je.

– Oui, ça l'est. C'est un *mantra* qui existe depuis plus de cinq mille ans, bien que seul le petit groupe de moines de Sivana le connaisse. Yogi Raman m'a dit qu'en le répétant, je pourrais développer le contrôle de moi-même et une volonté inébranlable assez rapidement. N'oublie pas que les mots ont une grande influence. Les mots sont la forme verbale du pouvoir. En remplissant ton esprit de mots d'espoir, tu commences à espérer. En remplissant ton esprit de mots de bonté, tu deviens bon. En remplissant ton esprit de pensées de courage, tu deviens courageux. Les mots ont un pouvoir», observa Julian.

– D'accord, je suis tout ouïe.

– Voici le *mantra* que je te conseille de répéter au moins trente fois par jour: *"Je suis bien plus que celui que je semble être, toute la force et le pouvoir du monde résident en moi."* Ce *mantra* créera de profonds changements dans ta vie. Pour obtenir des résultats encore plus rapides, combine ce *mantra* avec la visualisation créatrice dont je t'ai parlé tout à l'heure. Par exemple, va dans un endroit calme. Assieds-toi et ferme les yeux. Ne laisse pas ton esprit vagabonder. Reste immobile, car le signe le plus sûr d'un esprit faible est un corps qui ne sait pas se reposer. Maintenant, répète à plusieurs reprises ce *mantra*. Pendant que tu fais cela, visualise-toi comme une personne disciplinée, ferme, qui contrôle parfaitement son esprit et son corps. Imagine-toi que tu agis comme Gandhi ou comme Mère Teresa dans une situation qui comporte des défis. Des résultats étonnants vont certainement se produire dans ta vie», me promit-il.

– C'est tout?» demandai-je, étonné par la simplicité apparente de cette formule. «Je peux avoir accès à toutes les réserves de ma volonté grâce à ce simple exercice?

– Cette technique a été enseignée par les maîtres spirituels de l'Orient durant des siècles. On continue à l'utiliser aujourd'hui pour une seule raison: elle donne des résultats. Comme toujours, tu dois juger d'après les résultats. Si tu es intéressé, il y a encore un ou deux exercices que je peux te proposer pour libérer ta force de caractère et cultiver ta discipline intérieure. Mais laisse-moi te prévenir qu'ils vont peut-être te sembler étranges au début.

– Oh, Julian, je suis absolument fasciné par ce que j'ai entendu jusqu'à maintenant. Tu es sur la bonne voie, ne t'arrête pas maintenant.

– D'accord. D'abord, il faut commencer par faire les choses que tu n'aimes pas faire. Pour toi, c'est peut-être simplement de faire ton lit le matin ou de marcher jusqu'au bureau au lieu de prendre la voiture. Si tu prends l'habitude d'utiliser ta volonté, tu cesseras d'être l'esclave de tes impulsions les plus faibles.

– On perd ce qu'on n'utilise pas?

– Exactement. Pour augmenter ta force de volonté et ta force intérieure, tu dois d'abord les utiliser. Plus tu les utilises, et plus tu nourris l'embryon d'autodiscipline, et plus il mûrira rapidement et te donnera les résultats que tu désires. Le deuxième exercice est l'un des préférés de Yogi Raman. Il avait l'habitude de passer une journée entière sans parler, sauf s'il devait répondre à une question directe.

– Une sorte de vœu de silence?

– En fait, c'est exactement ce que c'était, John. Les moines tibétains qui ont vulgarisé cet exercice croyaient que de se retenir de parler durant un long moment aurait pour effet d'améliorer l'autodiscipline.

– Mais comment?

– En te taisant durant une journée, tu conditionnes ta volonté à faire ce que tu lui ordonnes de faire. Chaque fois que tu as envie de parler, tu réfrènes cette impulsion et tu restes silencieux. Vois-tu, ta volonté n'a pas un esprit à elle. Elle attend que tu lui donnes des instructions qui la pousseront à agir. Plus tu exerces le contrôle sur ta volonté, plus elle devient puissante. Le problème, c'est que la plupart des gens n'utilisent pas leur volonté.

– Pourquoi cela?» demandai-je.

– Probablement parce qu'ils n'en ont pas. Ils blâment tout le monde excepté eux-mêmes pour cette apparente faiblesse. Ceux qui ont mauvais caractère te diront: "Je ne peux pas m'en empêcher, mon père était comme ça." Ceux qui s'inquiètent trop te diront: "Ce n'est pas ma faute, mon travail est trop stressant." Ceux qui dorment trop te diront: "Qu'est-ce que je peux faire? Mon corps a besoin de dix heures de sommeil par nuit." Ces gens ne s'assument pas, ils ne connaissent pas le potentiel extraordinaire qui sommeille en chacun de nous, et qui attend qu'on y fasse appel. Lorsque tu connaîtras les lois éternelles de la nature, celles qui gouvernent le fonctionnement de cet univers et de tout ce qui y vit, tu sauras aussi que c'est ton droit d'être tout ce que tu peux être. Tu as le pouvoir de dominer ton environnement. De même, tu as la capacité d'être plus qu'un prisonnier de ton passé. Pour cela, tu dois devenir le maître de ta volonté.

– Ça a l'air assez compliqué.

– En réalité, c'est un concept très pratique. Imagine-toi ce que tu pourrais faire si tu pouvais doubler ou tripler la quantité de volonté que tu as habituellement. Tu pourrais faire ces exercices dont tu rêves; tu pourrais utiliser ton temps beaucoup plus efficacement; tu pourrais te débarrasser de l'habitude de t'inquiéter une fois pour toutes; ou tu pourrais être le mari idéal. Lorsque tu utilises ta volonté, tu ranimes ton énergie et ton appétit de vivre que, d'après toi, tu sembles avoir perdus. C'est un élément très important sur lequel il faut se concentrer.

– Donc, en dernière analyse, je dois commencer à utiliser régulièrement ma volonté?

– Oui. Décide de faire les choses que tu sais que tu aimerais faire plutôt que de choisir la voie de la résistance passive. Commence à te battre contre la force de gravité de tes mauvaises habitudes et de tes impulsions négatives, tout comme une fusée s'élève au-dessus de la force de gravité pour pénétrer dans le royaume des cieux. Pousse-toi dans le dos. Et tu verras ce qui va arriver en quelques semaines.

– Et le *mantra* va m'aider?

– Oui. Répète le *mantra* que je t'ai donné, et prends l'habitude quotidienne de t'imaginer comme tu espères être. Cela te donnera énormément de soutien pendant que tu crées une vie disciplinée et raisonnée qui te mènera à la réalisation de tes rêves. Et tu n'as pas besoin de changer ton monde en un jour. Commence petit. Un voyage de mille kilomètres commence par un pas. Nous évoluons par degrés. Tu peux même commencer par t'entraîner à te lever une heure plus tôt. Et si tu t'en tiens à cette merveilleuse habitude, cela augmentera ta confiance en toi et t'inspirera pour que tu atteignes des sommets plus élevés.

– Je ne vois pas le rapport», lui dis-je.

– Les petites victoires mènent aux grandes. Tu dois construire en accumulant de petites choses pour arriver aux grandes. En mettant en application une résolution aussi simple que celle qui consiste à se lever plus tôt tous les matins, tu ressentiras le plaisir qu'apporte l'accomplissement. Tu te seras fixé un but et tu l'auras atteint. C'est très agréable. Le truc c'est de continuer à se fixer des objectifs de plus en plus difficiles continuellement. Cela libérera l'élan magique qui te motivera à continuer à explorer ton potentiel infini. Est-ce que tu aimes skier?» me demanda Julian à brûle-pourpoint.

– J'adore skier», répliquai-je. «Jenny et moi, nous emmenons les enfants à la montagne chaque fois que nous pouvons le faire, ce qui n'est pas très souvent, à son grand regret.

– D'accord. Pense à ce que tu ressens lorsque tu t'élances du haut de la piste. Au début, tu commences lentement, mais au bout d'une minute tu es en train de voler le long de la pente comme si rien ne pouvait plus t'arrêter. N'est-ce pas?»

– Appelle-moi le Skieur Éclair. J'adore la vitesse!

– Qu'est-ce qui te fait aller si vite?

– Mon corps aérodynamique?» lançai-je en plaisantant.

– C'est pas mal», dit Julian en riant. «L'élan est la réponse que j'attendais. L'élan est aussi l'ingrédient secret qui sert à augmenter l'autodiscipline. Comme je te l'ai déjà dit, tu commences petit, qu'il s'agisse de te lever plus tôt le matin, de commencer à marcher autour du pâté de maisons le soir, ou même de t'exercer à éteindre la télévision quand tu sens que tu en as assez. Ces petites victoires créent l'élan qui t'excite et te pousse à faire des choses plus importantes sur la voie de ton moi idéal. Bientôt, tu feras des choses que tu n'imaginais pas pouvoir faire, avec une vigueur et une énergie que tu ne soupçonnais pas. C'est un processus délicieux, John, vraiment. Et le câble rose dans la fable magique de Yogi Raman te rappellera toujours le pouvoir de ta volonté.»

Comme Julian finissait de me révéler ses pensées au sujet de la discipline, je remarquai que les premiers rayons du soleil pénétraient dans la salle de séjour, repoussant l'obscurité comme un enfant écarte une couverture dont il ne veut plus. «Ça va être une grande journée», me dis-je. «La première journée du reste de ma vie.»

Chapitre 10
Résumé de l'activité • La sagesse de Julian en peu de mots

Le symbole

La vertu

Vivez avec discipline

La sagesse

- La discipline s'acquiert en s'acquittant réguliè-rement de petits actes de courage
- Plus on nourrit l'embryon de l'autodiscipline, plus il s'agrandit
- La volonté est la vertu essentielle d'une vie parfaitement épanouie

Les techniques

- Les *mantras* / la visualisation créatrice
- Le Vœu de silence
- Le Secret du Lac

Citation à citer

« Déclare la guerre aux pensées négatives qui se sont insinuées dans le palais de ton esprit. Elles verront qu'elles sont indésirables et partiront comme les visiteurs que l'on n'a pas invités. »

Le Moine qui vendit sa Ferrari

CHAPITRE ONZE

Votre bien le plus précieux

*«Une journée bien ordonnée révèle un esprit bien or-
donné.»*

Sir Isaac Pitman

«Tu sais ce qui est drôle dans la vie?» me demanda
Julian.

– Dis-le-moi.

– Quand les gens finissent par savoir ce qu'ils veulent
vraiment et comment l'atteindre, c'est généralement trop tard.
Le proverbe qui dit: "Si jeunesse savait, si vieillesse pouvait"
est tout à fait vrai.

– C'est ce que symbolise le chronomètre dans la fable de
Yogi Raman?

– Oui. Le lutteur japonais de 450 kilos dont le sexe est recouvert par un câble rose met à son poignet un chronomètre
en or que quelqu'un a oublié dans le beau jardin», me rappela
Julian.

– Comment puis-je oublier cela?», répliquai-je en souriant.

Je m'étais rendu compte que la fable mystique de Yogi
Raman n'était rien d'autre qu'une série de symboles destinés à

enseigner à Julian les éléments de cette ancienne philosophie qui lui permettrait de mener une vie édifiante, tout en l'aidant à ne pas l'oublier. Je partageai ma découverte avec lui.

«Ah, le sixième sens de l'avocat. Tu as tout à fait raison. Les méthodes de mon maître m'ont semblé bizarres au début et je luttais pour comprendre la signification de sa fable tout comme tu t'es demandé de quoi je parlais lorsque j'ai commencé à te la raconter. Mais je dois te dire, John, que les sept éléments de l'histoire, depuis le jardin et le lutteur de sumo nu jusqu'aux roses jaunes et au sentier pavé de diamants, auquel j'arrive bientôt, servent à te rappeler de façon puissante la sagesse que j'ai apprise à Sivana. Le jardin me permet de me concentrer sur des pensées qui m'inspirent, le phare me rappelle que le but de la vie est une vie qui a un but. Le lutteur de sumo me rappelle que je dois continuellement me découvrir moi-même, tandis que le câble rose me relie aux merveilles de la force de volonté. Il ne se passe pas un jour sans que je pense à la fable et que je contemple les principes que Yogi Raman m'a appris.

– Et que représente exactement ce chronomètre en or?

– C'est un symbole de notre bien le plus précieux: le temps.

– Et qu'en est-il de la pensée positive, de l'établissement des objectifs et de la maîtrise de soi?

– Sans le temps, ils ne veulent rien dire. Environ six mois après mon arrivée dans cette délicieuse retraite qu'était Sivana, une des femmes du village vint dans ma hutte couverte de roses pendant que j'étudiais. Elle s'appelait Divéa. Elle était d'une beauté frappante, avec ses cheveux noirs de jais qui lui descendaient sous la taille. D'une voix très douce, elle me fit savoir qu'elle était la plus jeune de tous les sages qui vivaient dans cette retraite secrète. Elle me dit aussi que Yogi Raman lui avait donné instruction de venir me voir, et qu'il lui avait dit que j'étais le meilleur disciple qu'il avait jamais eu.

– "C'est peut-être toute la douleur que tu as éprouvée dans ta vie antérieure qui t'a permis d'accepter notre sagesse avec un esprit aussi ouvert", dit-elle. "En tant que plus jeune membre de notre communauté, on m'a demandé de t'apporter un présent. Il vient de nous tous et nous te l'offrons en signe de notre respect, à toi qui as voyagé si loin pour apprendre notre mode de vie. À aucun moment, tu n'as porté de jugement sur nous ou ridiculisé nos traditions. Par conséquent, même si tu as décidé maintenant de nous quitter dans quelques semaines, nous te considérons comme l'un des nôtres. Aucun étranger n'a jamais reçu ce que je suis sur le point de te donner."

– Quel était le présent?» demandai-je impatiemment.

– Divéa sortit un objet de son sac tissé à la main et me le tendit. Enveloppé dans une sorte de papier odorant, il y avait quelque chose que je n'aurais jamais pensé voir en cet endroit. C'était un sablier miniature fait de verre soufflé et d'un petit morceau de bois de santal. Lorsqu'elle vit mon expression, Divéa me dit tout de suite que chacun des sages en avait reçu un lorsqu'il était enfant. "Même si nous n'avons pas de possessions et même si nos vies sont pures et simples, nous respectons le temps et nous observons son passage. Ces petits sabliers nous servent tous les jours à nous rappeler notre mortalité et l'importance de mener des vies pleines et productives tout en avançant vers nos buts."

– Ces moines vivant dans les hauteurs de l'Himalaya connaissent l'heure?

– Chacun d'eux comprend l'importance du temps. Chacun d'eux a développé ce qu'ils appellent une "conscience du temps". Vois-tu, j'ai appris que le temps nous glisse entre les doigts comme des grains de sable, et ne revient jamais. Ceux qui utilisent sagement le temps dès leur plus jeune âge sont récompensés par des vies riches, productives et qui leur donnent des satisfactions. Ceux qui n'ont jamais été exposés au principe voulant que "la maîtrise du temps est la maîtrise de la vie" ne réalisent jamais leur énorme potentiel humain. Le temps est le grand niveleur. Que nous soyons privilégiés ou défavorisés, que nous vivions au Texas ou à Tokyo, on nous a tous alloué des journées qui n'ont que vingt-quatre heures. Ce qui distingue les êtres qui mènent des vies exceptionnelles des autres est leur façon d'utiliser le temps.

– J'ai entendu mon père dire une fois que ce sont les gens les plus occupés qui ont du temps en trop. Qu'est-ce que tu penses de ça?

– Je suis d'accord. Les gens occupés et productifs utilisent leur temps très efficacement. Ils doivent le faire pour survivre. Être un excellent gestionnaire de son temps ne signifie pas que tu dois être obsédé par ton travail. Au contraire, la maîtrise du temps te permet d'avoir plus de temps pour faire les choses que tu aimes, les choses qui sont vraiment importantes pour toi. La maîtrise du temps mène à la maîtrise de la vie. Garde bien ton temps. Rappelle-toi que c'est une ressource non renouvelable.

– Laisse-moi te donner un exemple», dit Julian. «Supposons que nous soyons lundi matin et que ta journée déborde de rendez-vous, de réunions et de comparutions au tribunal. Au lieu de te lever comme d'habitude à six heures trente, d'avaler une tasse de café et de partir à toute vitesse pour ton bureau, et puis de passer une journée stressante à essayer de "rattraper le temps", imaginons que tu prennes quinze minutes la veille pour planifier ta journée. Ou pour être encore plus efficace, imaginons que tu prennes une heure durant ta calme matinée du dimanche pour organiser toute ta semaine. Dans ton agenda, tu notes l'heure à laquelle tu dois rencontrer tes clients, l'heure à laquelle tu vas faire tes recherches juridiques et l'heure à laquelle tu vas rappeler les gens. Et, encore plus important, tu vas noter tes buts personnels, sociaux et spirituels pour la semaine dans le même agenda. Ce simple acte est le secret d'une vie équilibrée. En notant tous les aspects les plus importants de ta vie dans ton emploi du temps quotidien, tu t'assures que ta semaine et ta vie conservent signification et paix.

– Tu ne veux certainement pas dire cependant que je peux m'accorder une pause au milieu de ma journée si occupée pour aller marcher dans le parc ou méditer?

– Bien sûr que si. Pourquoi es-tu lié de façon aussi rigide par les conventions? Pourquoi as-tu le sentiment que tu dois faire les choses comme tout le monde? Rivalise avec toi-même. Pourquoi ne pas commencer à travailler une heure plus tôt afin que tu puisses te permettre le luxe de faire une promenade sereine au milieu de la matinée dans ce beau parc qui est situé en face de ton bureau? Pourquoi ne pas travailler quelques heures de plus au début de la semaine afin que tu puisses partir plus tôt le vendredi et emmener tes enfants au zoo? Pourquoi ne pas commencer à travailler à la maison deux jours par semaine afin que tu puisses voir ta famille plus souvent? Tout ce que je veux dire, c'est planifie ta semaine et gère ton temps de façon créative. Il faut que tu aies la discipline nécessaire pour que ton temps serve à tes priorités. Les choses les plus importantes de ta vie ne devraient jamais être sacrifiées à celles qui le sont moins. Et n'oublie pas que si on néglige de planifier, on planifie un échec. En notant non seulement tes rendez-vous avec d'autres personnes, mais aussi tous ces rendez-vous extrêmement importants avec toi-même que sont la lecture, la détente ou bien une lettre d'amour à ta femme, tu seras beaucoup plus productif. N'oublie jamais que le temps que l'on passe à enrichir ses moments de loisirs n'est jamais du temps gaspillé. Cela te rend extrêmement efficace durant tes heures de travail. Cesse de vivre ta vie en compartiments et comprends une fois pour toutes que tout ce que tu fais forme un tout indivisible. Ta façon d'agir chez toi à la maison influe sur ta façon d'agir au bureau. Ta façon de traiter les gens au bureau influence ta façon de traiter ta famille et tes amis.

– Je suis d'accord, Julian, mais je n'ai vraiment pas le temps de prendre des pauses au milieu de ma journée. Je passe déjà la plupart de mes soirées à travailler. Je suis vraiment écrasé par mon travail ces jours-ci.» Comme je disais ces mots, je sentis des contractions dans l'estomac à la seule pensée de la montagne de travail qui m'attendait.

– Être occupé n'est pas une excuse. La vraie question à se poser, c'est "qu'est-ce qui t'occupe tellement?" Une des grandes règles que j'ai apprises de ces vieux sages est que 80 pour cent des résultats atteints dans sa vie sont l'aboutissement de 20 pour cent seulement de nos activités. Yogi Raman appelait cela la "vieille Règle des Vingt".

– Je ne suis pas sûr que je te suis.

– D'accord. Retournons à ton lundi surchargé. Du matin au soir, tu passes ton temps à tout faire, à parler au téléphone avec tes clients, à rédiger des plaidoyers, à lire une histoire à ton plus jeune enfant à l'heure du coucher, ou à jouer aux échecs avec ta femme. D'accord?

– D'accord.

– Mais de toutes ces centaines d'activités auxquelles tu consacres ton temps, il n'y a que 20 pour cent d'entre elles qui te donnent de vrais résultats durables. Seulement 20 pour cent de ce que tu fais exerce une influence sur la qualité de ta vie. Ce sont des activités à "haute répercussion". Par exemple, dans dix ans, crois-tu vraiment que tout le temps que tu passes à échanger des potins dans les couloirs, à t'asseoir dans une cafétéria enfumée, ou à regarder la télévision comptera pour quelque chose?

– Non, pas vraiment.

– Tu as raison. Je suis sûr alors que tu seras d'accord aussi qu'un certain nombre d'activités sont responsables de tout le reste.

– Tu veux dire le temps que je passe à améliorer mes connaissances juridiques, le temps consacré à enrichir mes relations avec mes clients et le temps passé à devenir un avocat plus efficace?

– Oui, et le temps que tu passes à entretenir tes relations avec Jenny et les enfants. Le temps que tu passes à communier avec la nature et à exprimer ta gratitude pour tout ce que tu as la chance de posséder. Le temps que tu passes à te renouveler mentalement, physiquement et spirituellement. Ce ne sont que quelques-unes des activités à haute répercussion qui te permettent de mener la vie que tu mérites. Garde tout ton temps pour ces activités, celles qui comptent. *Les gens édifiés sont menés par leurs priorités.* C'est là le secret de la maîtrise du temps.

– Eh bien! Yogi Raman t'a appris tout ça?

– Je suis devenu un étudiant de la vie, John. Yogi Raman a été certainement un maître merveilleux qui m'a inspiré et je ne l'oublierai jamais pour cela. Mais toutes les leçons que j'ai apprises lors de mes différentes expériences se rassemblent maintenant comme les morceaux d'un grand puzzle pour me montrer comment mener une vie meilleure.»

Julian ajouta: «J'espère que mes erreurs passées te serviront de leçons. Certaines personnes tirent des leçons des erreurs commises par les autres. Ce sont les sages. D'autres ont le sentiment que la vraie connaissance ne vient que de l'expérience personnelle. Ces gens subissent inutilement de la douleur et de la détresse au cours de leur vie.»

J'avais assisté à bon nombre de séminaires sur la gestion du temps en qualité d'avocat. Pourtant, je n'avais jamais entendu parler de la philosophie de la maîtrise du temps comme Julian m'en parlait maintenant. La gestion du temps n'était pas seulement une chose qu'il fallait utiliser au bureau et oublier au moment de rentrer chez soi. C'était un système holistique qui pouvait rendre *tous* les aspects de ma vie plus équilibrés et satisfaisants, si je m'en servais correctement. J'ai appris qu'en planifiant mes journées et en veillant à utiliser mon temps de façon équilibrée, je serais non seulement beaucoup plus productif, mais aussi beaucoup plus heureux.

– Donc, la vie est comme un morceau de lard», ajoutai-je. «Tu dois séparer la viande de la graisse pour être le maître de ton temps.

– Très bien. Tu as compris maintenant. Et bien que ma nature de végétarien me pousse à la refuser, j'aime ton analogie parce qu'elle est très imagée. Quand on passe son temps et une précieuse énergie mentale à se concentrer sur la viande, on n'a pas de temps à perdre pour la graisse. C'est à ce moment-là que ta vie passe du royaume de l'ordinaire au royaume exquis de l'extraordinaire. C'est à ce moment-là que tu commences vraiment à contrôler les événements, et que les portes du temple de l'édification s'ouvrent en grand», observa Julian.

– Ce qui m'amène à autre chose. Ne laisse pas les autres te voler ton temps. Fais attention aux voleurs de temps. Ce sont les gens qui t'appellent toujours au téléphone au moment où tu viens de coucher les enfants et que tu t'es installé dans ton fauteuil préféré pour lire ce roman excitant dont on t'a tellement parlé. Ce sont les gens qui ont le chic de venir au bureau juste au moment où tu as trouvé quelques minutes pour reprendre ton souffle au milieu d'une journée frénétique et pour remettre de l'ordre dans tes idées. Est-ce que cela te semble familier?

– Comme d'habitude, Julian, tu as tout à fait raison. Je suppose que j'ai toujours été trop poli pour leur demander de s'en aller ou pour garder ma porte fermée», lui confiai-je.

– Tu dois être sans pitié en ce qui concerne ton temps. Apprends à dire non. Aie le courage de dire non aux petites choses de la vie. Cela te donnera le pouvoir de dire oui aux grandes choses. Ferme la porte de ton bureau quand tu as besoin de quelques heures pour travailler à une grande cause. Rappelle-toi ce que je t'ai dit. Ne réponds pas au téléphone chaque fois qu'il sonne. Il est là pour *ta* commodité, pas celle des autres. Ironiquement, les gens te respecteront davantage lorsqu'ils verront que tu es une personne qui accorde de la valeur à son temps. Ils se rendront compte que ton temps est précieux et ils le respecteront.

– Et que penses-tu de la procrastination? Trop souvent, je remets à plus tard les choses que je n'aime pas faire et je trie des prospectus ou je feuillette des revues juridiques. Je suis peut-être alors tout simplement en train de tuer le temps?

– "Tuer le temps" est une excellente métaphore. C'est vrai, la nature humaine nous pousse à faire ce qui est agréable et à éviter les choses désagréables. Mais comme je te l'ai dit tout à l'heure, les gens les plus productifs du monde ont cultivé l'habitude de faire les choses que les gens moins productifs n'aiment pas faire, même si eux aussi n'aiment pas les faire.»

Je m'arrêtai et je pensai profondément au principe que je venais d'entendre. La procrastination n'était peut-être pas mon problème, ma vie était peut-être tout simplement devenue trop compliquée. Julian sentit ma préoccupation.

«Yogi Raman m'a dit que ceux qui sont les maîtres de leur temps mènent des vies simples. Un rythme échevelé et frénétique n'est pas celui que la nature a prévu. Il croyait fermement que seuls ceux qui sont efficaces et qui se fixent des buts clairs connaissent un bonheur durable. Mais il n'est pas nécessaire de sacrifier sa paix de l'esprit pour mener une vie riche de réalisations et de contributions à la société. C'est ce qui m'a tellement fasciné dans les sages principes dont il me parlait. Ils me permettaient d'être productif et en même temps de satisfaire mes besoins spirituels.»

Je commençais à être encore plus réceptif à ce que disait Julian. «Tu as toujours été honnête et franc avec moi, je ferai donc de même avec toi. Je ne veux pas abandonner ma profession d'avocat, ma maison et ma voiture, pour être plus heureux et plus satisfait. J'aime mes "jouets" et les choses matérielles que j'ai gagnées. Ce sont des récompenses pour toutes les heures durant lesquelles j'ai travaillé, depuis le jour où nous nous sommes rencontrés pour la première fois. Mais je me sens vraiment vide. Je t'ai parlé de mes rêves quand j'étais étudiant à la faculté de droit. Je pourrais faire tellement plus de choses avec ma vie. Tu sais, j'ai presque quarante ans et je n'ai jamais visité le Grand Canyon ou la Tour Eiffel. Je n'ai jamais marché dans un désert ou pagayé sur un lac aux eaux calmes durant une merveilleuse journée d'été. Je n'ai jamais pris le temps d'enlever mes chaussettes et mes chaussures et de marcher pieds nus dans un parc, en écoutant les rires des enfants et les aboiements des chiens. Je ne peux même pas me rappeler la dernière fois où je me suis promené longtemps et calmement, tout seul, après une chute de neige, uniquement pour en apprécier l'étrange silence.

– Alors, simplifie ta vie», me dit Julian avec empathie. «Applique l'ancien "Rituel de la Simplicité" à chacun des aspects de ton monde. En faisant cela, tu auras inévitablement le temps de savourer ces merveilles. Une des choses les plus tragiques que nous puissions faire, c'est de remettre notre vie au lendemain. Trop de gens rêvent d'un jardin de roses magiques qui pousse peut-être à l'horizon plutôt que d'apprécier celui qui se développe réellement derrière leur maison. Quelle tragédie.

– As-tu des suggestions à faire?

– Je laisserai *ça* à ta propre imagination. Je t'ai parlé d'un grand nombre de stratégies que les sages m'ont apprises. Elles feront merveille si tu as le courage de les mettre en application. Cela me fait d'ailleurs penser à autre chose que je fais pour m'assurer que ma vie reste calme et simple.

– Qu'est-ce que c'est?

– J'adore faire une petite sieste l'après-midi. Je trouve que cela me donne de l'énergie, me rafraîchit et me rajeunit. Je crois que l'on pourrait dire que j'ai besoin de ce sommeil pour rester en beauté», dit Julian en riant.

– La beauté n'a jamais été l'un de tes points forts.

– Le sens de l'humour a toujours été l'un des tiens, et de cela je te félicite. Rappelle-toi toujours le pouvoir du rire. Comme la musique, c'est un tonique merveilleux pour faire face au stress et aux fatigues de la vie. Je crois que Yogi Raman l'a très bien exprimé lorsqu'il m'a dit: "Le rire ouvre ton cœur et apaise ton âme. Personne ne doit prendre la vie tellement au sérieux et oublier de rire de soi".»

Julian avait une pensée finale dont il voulait me parler au sujet du temps. «Surtout, John, cesse de te comporter comme si tu avais cinq cents ans à vivre. Lorsque Divéa m'a apporté ce petit sablier, elle m'a donné un conseil que je n'oublierai jamais.

– Qu'est-ce qu'elle a dit?

– Elle m'a dit que le meilleur moment pour planter un arbre était il y a quarante ans. Le deuxième meilleur moment est aujourd'hui. Ne gaspille même pas une minute de ta journée. Il faut que tu aies une mentalité de *lit de mort*.

– Pardon?», dis-je, frappé par le choix des termes employés par Julian. «Qu'est-ce que c'est qu'une mentalité de *lit de mort*?

– C'est une nouvelle façon de percevoir ta vie, un paradigme qui te donnera plus de puissance, si tu veux. Tu te rappelleras qu'aujourd'hui tu vis peut-être ton dernier jour. Donc, il faut en savourer chaque instant.

– Ça m'a l'air assez morbide, si tu veux savoir. Ça me fait penser à la mort.

– En fait, c'est une philosophie au sujet de la vie. Lorsque tu adoptes une mentalité de *lit de mort*, tu vis chaque jour comme si c'était ton dernier jour. Imagine-toi que tu te réveilles tous les jours et que tu poses cette simple question: "Qu'est-ce que je ferais aujourd'hui si c'était ma dernière journée?" Ensuite, pense à la façon dont tu traiterais ta famille, tes collègues et même ceux que tu ne connais pas. Pense à combien tu serais productif et stimulé si tu vivais chaque moment à fond. Rien que la question du lit de mort a le pouvoir de changer ta vie. Elle donnera de l'énergie à tes journées et tout ce que tu feras sera fait avec brio et vitalité. Tu commenceras à te concentrer sur les choses importantes que tu passes ton temps à remettre, tu cesseras de gaspiller ton temps à toutes ces petites choses mesquines qui t'ont entraîné au fond d'un marécage de crises et de chaos.»

Julian continua: «Oblige-toi à faire plus de choses et à vivre plus d'expériences. Canalise ton énergie pour commencer à rêver plus grand. Oui, rêve plus grand. N'accepte pas une vie de médiocrité, alors que tu as un potentiel infini dans la forteresse de ton esprit. Ose faire appel à ta grandeur. C'est ton droit!

– Ce sont des trucs puissants, ça.

– En voilà d'autres, il existe un remède très simple pour mettre fin au maléfice de la frustration qui empoisonne la vie de tant de gens.

– Ma tasse est toujours vide», dis-je doucement.

– Agis comme si l'échec était impossible, et ton succès sera assuré. Élimine toute pensée négative au sujet de tes objectifs, qu'ils soient d'ordre matériel ou spirituel. Sois courageux et ne fixe pas de limites à ton imagination. Ne sois pas le prisonnier de ton passé. Deviens l'architecte de ton avenir. Tu ne seras jamais plus le même.»

Tandis que la ville commençait à s'éveiller, et que l'aube rosissait de plus en plus le ciel, mon ami sans âge commença à montrer les premiers signes de fatigue après une nuit passée à partager ses connaissances avec un disciple empressé. J'avais été étonné par la vitalité de Julian, par son énergie et son enthousiasme illimités. Il ne parlait pas pour parler, il mettait en application ce qu'il disait.

«Nous arrivons au bout de la fable magique de Yogi Raman et nous nous rapprochons du moment où je dois te quitter», dit-il avec douceur. «J'ai beaucoup à faire et beaucoup de gens à rencontrer.

– Vas-tu informer tes associés que tu es rentré?» lui demandai-je, curieux.

– Probablement pas», répliqua Julian. «Je suis tellement différent du Julian Mantle qu'ils ont connu. Je ne pense plus les mêmes choses, je ne porte plus les mêmes vêtements, je n'agis plus de la même façon. Je suis fondamentalement une personne différente. Ils ne me reconnaîtraient pas.»

– Tu es vraiment un homme neuf», dis-je, riant intérieurement en m'imaginant ce moine mystique vêtu des robes traditionnelles de Sivana en train de monter dans la rutilante Ferrari rouge de sa vie antérieure.

– Un être neuf serait probablement une description plus précise.

– Je ne vois pas la différence», confessai-je.

– Il existe un vieil adage en Inde: "Nous ne sommes pas des êtres humains qui passent par une expérience spirituelle. Nous sommes des êtres spirituels qui passent par une expérience humaine." Je comprends maintenant mon rôle dans l'univers. Je vois qui je suis. Je ne suis plus dans le monde, le monde est en moi.

– Je vais devoir réfléchir sérieusement à ça pendant un bon moment», lui dis-je avec une totale honnêteté, car je ne comprenais pas ce dont Julian me parlait.

– Bien sûr, cela va de soi, mon ami. Un jour viendra où tu comprendras clairement ce que je dis. Si tu suis les principes que je t'ai révélés et que tu mets en application les méthodes que je t'ai décrites, tu vas certainement avancer le long de la voie de l'édification. Tu maîtriseras l'art de la maîtrise de soi. Tu verras ta vie pour ce qu'elle est vraiment: une petite lueur sur la toile de l'éternité. Et tu verras clairement qui tu es et quel est le but ultime de ta vie.

– Quel est-il?

– Servir, bien entendu. Quelles que soient les dimensions de ta maison ou le prix de ta voiture, la seule chose que tu puisses emporter à la fin de ta vie, c'est ta conscience. Écoute ta conscience. Laisse-la te guider. Elle sait ce qui est bien. Elle te dira que ta vocation dans la vie consiste à t'oublier pour servir autrui d'une façon ou d'une autre. C'est ce que mon odyssée personnelle m'a appris. Maintenant, je dois aller voir, servir et guérir tant de gens. Ma mission est de transmettre l'ancienne sagesse des Sages de Sivana à tous ceux qui en ont besoin. C'est là mon but.»

Le feu de la connaissance avait animé l'esprit de Julian, cela était évident, même pour une âme aussi peu édifiée que la mienne. Il était si passionné, si engagé et si fervent lorsqu'il parlait, que cela se reflétait physiquement. Sa transformation d'un vieil avocat maladif en un jeune Adonis plein de vitalité n'était pas attribuable simplement à un changement dans son alimentation et à une séance quotidienne de gymnastique. Non, c'était une panacée bien plus puissante que Julian avait trouvée là-haut dans ces montagnes majestueuses. Il avait trouvé le secret que les hommes cherchent de tout temps. C'était bien plus que le secret de la jeunesse, de l'épanouissement ou même du bonheur. Julian avait découvert le secret du Moi.

Chapitre 11
Résumé de l'activité • La sagesse de Julian en peu de mots

Le symbole

La vertu

Respectez le temps qui vous a été accordé

La sagesse

- Le temps est votre bien le plus précieux et il n'est pas renouvelable
- Concentrez-vous sur vos priorités et maintenez l'équilibre dans votre vie
- Simplifiez votre vie

Les techniques

- L'ancienne règle des vingt
- Ayez le courage de dire «non»
- La mentalité du lit de mort

Citation à citer

«Le temps nous glisse entre les doigts comme des grains de sable, et ne revient jamais. Ceux qui utilisent leur temps sagement dès leur plus jeune âge sont récompensés par des vies riches, productives et satisfaisantes.»

Le Moine qui vendit sa Ferrari

CHAPITRE DOUZE

Le but ultime de la vie

« Tout ce qui vit, ne vit pas seul, ni pour soi-même. »
William Blake

« De tous les gens que j'ai jamais connus, les Sages de Sivana sont non seulement ceux qui possèdent le plus de vraie jeunesse, mais aussi le plus de bonté », observa Julian.

« Yogi Raman m'a dit que lorsqu'il était enfant, au moment de dormir, son père pénétrait tout doucement dans sa hutte couverte de roses et lui demandait quelles bonnes actions il avait faites durant le journée. Crois-le ou pas, s'il disait qu'il n'en avait accompli aucune, son père l'obligeait à se lever et à faire une bonne action avant de lui donner la permission de s'endormir. »

Julian continua: « L'une des vertus essentielles de la vie édifiée que je veux partager avec toi, John, c'est celle-ci: lorsque tout est dit et que tout est fait, quoi que tu aies accompli, quel que soit le nombre de résidences secondaires que tu possèdes, quel que soit le nombre de voitures dans ton garage, *la qualité de ta vie dépendra de la qualité de ta contribution à la société.*

– Est-ce que cela a quelque chose à voir avec les roses jaunes de la fable de Yogi Raman?

205

– Bien entendu. Les fleurs te rappelleront cet ancien proverbe chinois: "Un petit peu de parfum demeure toujours sur la main qui te donne des roses." La signification en est claire. Quand tu travailles pour améliorer la vie des autres, indirectement tu élèves ta propre vie. Quand tu t'efforces tous les jours de faire quelques bonnes actions, ta propre vie en devient plus riche et plus significative. Pour cultiver l'aspect sacré et la sainteté de chaque journée, il faut servir les autres, de quelque façon que ce soit.

– Veux-tu dire que je devrais faire du bénévolat?

– C'est un excellent point de départ. Mais ce dont je parle est beaucoup plus philosophique que cela. Ce que je suggère, c'est que tu adoptes un nouveau *paradigme* de ton rôle sur cette planète.

– Encore une fois, je ne te suis plus. Explique-moi un peu ce que veut dire "paradigme". Ce n'est pas un terme qui m'est vraiment familier.

– Un paradigme est simplement une façon de percevoir une circonstance ou la vie en général. Certaines personnes perçoivent la vie comme un verre à moitié vide. Les optimistes la voient comme un verre à moitié plein. Ils interprètent les mêmes circonstances différemment parce qu'ils ont adopté un paradigme différent. Un paradigme est essentiellement les lunettes à travers lesquelles tu vois les événements de ta vie, aussi bien les événements extérieurs que les événements intérieurs.

– Donc, quand tu me suggères d'adopter un nouveau paradigme pour mon but, es-tu en train de me dire que je dois changer ma perception des choses?

– C'est ça en quelque sorte. Pour améliorer la qualité de ta vie de façon spectaculaire, tu dois cultiver une nouvelle perspective de la raison pour laquelle tu es sur cette terre. Tu dois réaliser que, tout comme tu es entré dans le monde sans rien, tu es destiné à le quitter sans rien. Ceci étant, il ne peut y avoir qu'une seule vraie raison pour laquelle tu es ici.

– Et quelle est-elle?

– Donner de ta personne aux autres et donner à la société d'une façon significative», répondit Julian. «Je ne veux pas dire que tu ne peux pas posséder tes "jouets", que tu dois abandonner ta profession et consacrer ta vie aux défavorisés, bien que j'ai récemment rencontré des gens qui ont fait cela et qui en sont très satisfaits. Notre monde est en pleine transition. Les gens sont en train d'échanger de l'argent pour des valeurs qui ont un sens. Des avocats qui avaient l'habitude de juger les gens d'après les dimensions de leur portefeuille les jugent maintenant d'après les dimensions de leur engagement envers les autres, d'après les dimensions de leur cœur. Les professeurs quittent le cocon de leurs postes pour aller nourrir intellectuellement les enfants dans le besoin qui vivent dans les zones de combat que nous appelons les quartiers défavorisés. Les gens ont compris clairement qu'il faut changer. Les gens réalisent qu'ils sont ici pour une raison et qu'ils ont reçu des dons spéciaux qui les aideront à réaliser leurs buts.

– Quel genre de dons spéciaux?

– Exactement ceux dont je t'ai parlé toute la soirée: une grande capacité mentale, une énergie illimitée, une créativité sans bornes, une quantité considérable de discipline et une source de paix. Il s'agit simplement d'ouvrir ce coffre aux trésors et de s'en servir pour le bien des autres», observa Julian.

– Je te suis toujours. Donc, comment peut-on faire le bien?

– Ce que je dis simplement, c'est que tu devrais t'efforcer, en priorité, de modifier ta perception du monde, afin que tu cesses de te percevoir purement comme un individu et que tu commences à te voir comme une partie de la collectivité.

– Par conséquent, je devrais faire preuve de plus de bonté et de douceur?

– Il faut que tu te rendes compte que la chose la plus noble que tu puisses faire, c'est de donner aux autres. Les sages de l'Orient appellent ce processus "se débarrasser des chaînes du moi". Il s'agit de t'oublier et de commencer à te concentrer sur un but plus élevé. Par exemple, donner davantage à ceux qui t'entourent, qu'il s'agisse de ton temps ou de ton énergie, car ce sont vraiment tes deux ressources les plus précieuses, ou même prendre une année sabbatique pour travailler avec les pauvres, ou quelque chose d'aussi mineur que de laisser passer quelques voitures devant toi en pleine circulation. Ça peut avoir l'air ridicule, mais s'il y a une chose que j'ai apprise, c'est bien que ta vie prend des dimensions beaucoup plus magiques quand tu commences à t'efforcer d'améliorer le monde. Yogi Raman m'a dit que lorsque nous naissons, nous pleurons, tandis que le monde se réjouit. Il m'a laissé entendre que nous devrions mener notre vie de telle façon qu'à notre mort le monde pleurera tandis que nous nous réjouirons.»

Je savais que Julian avait raison. L'une des choses qui commençaient à me déranger dans ma profession d'avocat était que je n'avais pas vraiment le sentiment de faire le genre de contribution à la société que j'étais capable de faire. Bien sûr, j'avais eu le privilège de plaider un certain nombre de causes qui faisaient jurisprudence et qui avaient aidé d'autres personnes, mais le droit était devenu un commerce pour moi plutôt qu'une œuvre d'amour. Quand j'étais à la faculté de droit, j'étais un idéaliste comme bon nombre de mes contemporains. En buvant du café froid et en mangeant de la pizza rassie dans nos dortoirs, nous faisions des plans pour changer le monde. Près de vingt ans s'étaient écoulés depuis lors, et mon désir brûlant de changer la société avait cédé le pas à mon désir brûlant de payer mon hypothèque et d'augmenter mon fonds de pension. Je me rendis compte, pour la première fois depuis très longtemps, que je m'étais enfermé dans le cocon de la bourgeoisie, qui me protégeait de la société et auquel je m'étais accoutumé.

«Laisse-moi te raconter une vieille histoire qui te fera comprendre peut-être certaines choses», continua Julian. «Il était une fois une vieille femme à la santé fragile dont le mari aimant mourut. Elle alla donc vivre avec son fils, sa femme et leur fille. Petit à petit, elle se mit à voir et à entendre de plus en plus mal. Certains jours, ses mains tremblaient tellement que les petits pois tombaient de son assiette par terre et que la soupe coulait de sa tasse. Son fils et sa femme ne pouvaient s'empêcher d'être énervés par les saletés qu'elle faisait et un jour ils décidèrent que cela suffisait. Donc, ils lui préparèrent une petite table dans un coin près d'un placard à balais et ils l'obligèrent à manger tous ses repas seule. À l'heure des repas, elle les regardait à travers la pièce, les yeux pleins de larmes, mais ils prenaient à peine le temps de lui parler pendant qu'ils mangeaient, sauf pour la gronder lorsqu'elle faisait tomber une cuillère ou une fourchette.

«Un soir, avant le dîner, la petite fille était assise sur le sol et jouait avec ses cubes de construction. "Qu'est-ce que tu fais?", demanda son père avec intérêt. "Je construis une petite table pour maman et toi", dit-elle, "pour que vous puissiez manger tout seuls dans un coin un jour quand je serai grande." Le père et la mère furent tellement émus qu'ils se turent durant un moment qui sembla une éternité. Puis, ils commencèrent à sangloter. À cet instant, ils se rendaient compte de la nature de leurs actes et de la tristesse qu'ils avaient causée. Ce soir-là, ils ramenèrent la vieille mère à sa place à leur table de salle à manger et, depuis ce jour, elle prit tous ses repas avec eux. Et lorsqu'un petit morceau de nourriture tombait de la table ou qu'une fourchette tombait par terre, cela ne semblait plus déranger personne.

«Dans cette histoire, les parents n'étaient pas des gens méchants», dit Julian. «Ils avaient simplement besoin de prendre conscience qu'il fallait allumer leur chandelle de compassion. La compassion et les actes quotidiens de bonté rendent la vie bien plus riche. Prends le temps de méditer tous les jours sur le bien que tu feras aux autres dans ta journée. Les mots sincères de louange adressés à ceux qui s'y attendent le moins, les gestes de cordialité offerts aux amis dans le besoin, les petits témoignages d'affection donnés aux membres de ta famille sans raison aucune, tout cela rendra ta vie bien plus merveilleuse. Et, à propos de l'amitié, efforce-toi d'y veiller constamment. Une personne qui a trois bons amis est vraiment une personne riche.»

J'acquiesçai en hochant de la tête.

«Les amis nous apportent l'humour, la fascination et la beauté. Il y a peu de choses plus revigorantes que d'éclater de rire avec un vieil ami. Les amis nous aident à rester humbles lorsque nous devenons trop sûrs de nous-mêmes. Les amis nous font sourire lorsque nous prenons les choses trop au sérieux. Les bons amis sont là pour nous aider quand la vie nous fait une croche-pied et que les choses ont l'air pires qu'elle ne le sont en réalité. Lorsque j'étais un avocat plaidant très occupé, je n'avais pas le temps d'avoir des amis. Maintenant, je suis seul, excepté pour toi, John. Je n'ai personne avec qui faire de longues promenades dans les bois lorsque tout le reste du monde est pelotonné dans son cocon. Lorsque je viens de poser un livre merveilleux qui m'a ému profondément, je n'ai personne avec qui échanger mes idées. Et je n'ai personne à qui ouvrir mon âme lorsque le soleil d'une merveilleuse journée d'automne me réchauffe le cœur et me remplit de joie.»

Julian se reprit rapidement. «Cependant, le regret n'est pas une activité à laquelle je veux consacrer du temps. J'ai appris de mes maîtres à Sivana que "chaque jour est un nouveau jour pour celui qui est édifié".»

J'avais toujours perçu Julian comme une sorte de gladiateur juridique surhumain qui démolissait les arguments de ses adversaires comme un spécialiste des arts martiaux démolit une pile de planches renforcées. Je pouvais voir que l'homme que j'avais rencontré il y a un bon nombre d'années avait été transformé et que sa nature était très différente. Celui qui se trouvait devant moi était doux, bon et paisible. Il semblait savoir avec certitude qui il était et quel était son rôle dans le théâtre de la vie. Comme nul autre, il semblait percevoir la douleur de son passé comme un vieux professeur sage et pourtant, simultanément, il semblait dire que sa vie était bien plus importante que la somme des événements passés.

Dans les yeux de Julian brillait l'espoir des choses à venir. J'étais enveloppé par son sentiment d'émerveillement devant ce monde et sa joie de vivre était contagieuse. Il me semblait que Julian Mantle, avocat plaidant agressif et destructeur au service des gens riches, était passé d'un être humain qui traversait la vie sans s'intéresser à qui que ce soit, à un être spirituel qui traversait la vie en se préoccupant seulement des autres. Peut-être était-ce le sentier sur lequel je devais moi aussi m'engager.

Chapitre 12
Résumé de l'activité • La sagesse de Julian en peu de mots

Le symbole

La vertu

Servez les autres en vous oubliant

La sagesse

- En définitive, la qualité de votre vie dépend de la qualité de votre contribution à la société
- Pour cultiver l'aspect sacré de chaque journée, il faut vivre pour donner
- En élevant la vie des autres, votre vie atteint ses plus hautes dimensions

Les techniques

- Faites chaque jour des actes de bonté
- Donnez à ceux qui demandent
- Cultivez des relations plus riches

Citation à citer

« La chose la plus noble que tu puisses faire, c'est de donner aux autres. Commence à te concentrer sur ton but le plus élevé. »

Le Moine qui vendit sa Ferrari

Le secret éternel du bonheur permanent

*« Quand j'admire la merveille qu'est un coucher de soleil
ou la beauté de la lune, mon âme s'élance pour adorer le
Créateur. »*

Mahatma Gandhi

Il y avait plus de douze heures que Julian était arrivé chez moi pour me transmettre les préceptes de sagesse qu'il avait recueillis à Sivana. Ces douze heures étaient incontestablement les plus importantes de ma vie. Je me sentais tout à la fois stimulé, motivé et, oui, même libéré. Julian avait modifié fondamentalement ma perception de la vie grâce à la fable de Yogi Raman et aux vertus éternelles qu'elle symbolisait. Je me rendais compte que je n'avais même pas commencé à explorer l'étendue de mon potentiel humain. J'avais gaspillé les présents quotidiens que la vie m'avait distribués. La sagesse de Julian me donnait l'occasion de faire face aux blessures qui m'empêchaient de vivre avec la joie, l'énergie et l'épanouissement que je sentais que je méritais. J'étais ému.

«Il faut que je parte bientôt. Tu as des engagements pressants et je dois m'occuper de mon propre travail», dit Julian en s'excusant.

– Mon travail peut attendre.

– Malheureusement, pas le mien», dit Julian avec un bref sourire.

– Mais avant de partir, il faut que je te révèle l'élément final de la fable magique de Yogi Raman. Tu te rappelleras que le lutteur de sumo qui sortit du phare au milieu d'un beau jardin ne portait rien d'autre qu'un câble rose qui couvrait son sexe et qu'il s'était passé au poignet un chronomètre brillant en or, puis s'était écroulé. Après un moment qui sembla durer une éternité, il reprit finalement conscience lorsqu'il sentit le parfum capiteux des roses jaunes. Il se dressa, ravi et étonné de découvrir un long sentier sinueux pavé de millions de minuscules diamants. Bien entendu, notre ami le lutteur de sumo emprunta le sentier et, en faisant cela, il vécut heureux pour le reste de ses jours.

– Ça m'a l'air plausible», dis-je avec un petit rire étouffé.

– Yogi Raman avait une imagination très fertile, j'en conviens. Mais tu as vu que son histoire a un but et que les principes qu'elle symbolise sont non seulement puissants, mais extrêmement pratiques.

– C'est vrai», dis-je en acquiesçant sans réserve.

– Donc, le sentier pavé de diamants te servira à te rappeler quelle est la vertu finale pour mener une vie édifiée. En appliquant ce principe durant ta journée de travail, tu enrichiras ta vie d'une façon qu'il m'est difficile de te décrire. Tu commenceras à voir des merveilles exquises dans les choses les plus simples et tu vivras avec l'extase que tu mérites. En tenant ta promesse et en partageant tes nouvelles connaissances avec les autres, tu leur permettras aussi de transformer leur monde ordinaire en un monde extraordinaire.

– Est-ce que cela va me prendre beaucoup de temps pour apprendre?

– Le principe lui-même est étonnamment simple à comprendre, mais il te faudra deux semaines d'entraînement régulier pour apprendre à le mettre en application à tous les moments de ta journée.

– D'accord, je meurs d'envie de l'entendre.

– C'est drôle que tu dises ça car la septième et la dernière vertu concerne entièrement la vie. Les Sages de Sivana croient qu'on ne peut mener une vie vraiment joyeuse et satisfaisante que grâce au processus qu'ils appellent "vivre dans l'ici-maintenant". Ces yogis savent que le passé ne revient jamais et que l'avenir est un soleil éloigné qui pointe à l'horizon de notre imagination. Le moment le plus important, c'est le présent. Apprends à vivre dans le présent et à le savourer pleinement.

– Je comprends exactement ce que tu veux dire, Julian. Il semble que je passe la plupart de mes journées à m'inquiéter au sujet d'événements passés que je n'ai pas le pouvoir de changer ou à me faire du souci au sujet d'événements à venir, qui n'arrivent jamais. Mon esprit est toujours inondé de millions de petites pensées qui me tirent dans un million de directions différentes. C'est vraiment frustrant.

– Pourquoi?

– Ça m'épuise! Je suppose que je n'ai pas la paix de l'esprit. Pourtant, il m'est arrivé d'en faire l'expérience quand mon esprit est complètement concentré sur ce qui est devant moi. Souvent, cela m'est arrivé quand j'étais obligé de rédiger un plaidoyer et que je n'avais le temps de penser à rien d'autre qu'à la tâche qui m'attendait. J'ai aussi ressenti cette sorte de concentration totale quand je jouais au football avec les copains et que je voulais vraiment gagner. Les heures semblaient passer en quelques minutes et je me sentais très équilibré. C'est comme si la seule chose qui comptait pour moi était ce que j'étais en train de faire. Tout le reste, les inquiétudes, les factures et le travail ne comptaient pas. À bien y penser, ce sont probablement les moments où je me suis senti aussi le plus serein.

– S'adonner à une tâche qui représente vraiment un défi est le meilleur moyen d'obtenir des satisfactions personnelles. Mais le vrai secret à ne pas oublier, c'est que *le bonheur est un voyage, pas une destination*. Vis pour le présent, il n'y aura pas d'autre journée comme celle-ci», déclara Julian en joignant ses mains lisses en un geste de prière comme pour exprimer sa gratitude d'avoir appris ce qu'il venait de me dire.

– Est-ce le principe symbolisé par le sentier pavé de diamants dans la fable de Yogi Raman?» lui demandai-je.

– Oui», me répondit-il de façon succincte. «Tout comme le lutteur de sumo trouva finalement le bonheur et la joie en empruntant le sentier pavé de diamants, tu peux avoir la vie que tu mérites au moment où tu commences à comprendre que le sentier sur lequel tu marches actuellement est riche de diamants et d'autres trésors sans prix. Cesse de passer tant de temps à pourchasser les grands plaisirs de la vie tandis que tu négliges les petits. Ralentis. Savoure la beauté et l'élément sacré de tout ce qui t'entoure. Tu le mérites.

– Est-ce que cela signifie que je dois cesser de me fixer de grands objectifs pour mon avenir et me concentrer sur le présent?

– Non», répliqua Julian, fermement. «Comme je te l'ai dit plus tôt, les buts et les rêves pour l'avenir sont des éléments essentiels dans chaque vie réellement réussie. L'espoir de ce qui t'attend à l'avenir est ce qui te sort de ton lit le matin et qui te donne de l'inspiration au cours de la journée. Les buts donnent de l'énergie à ta vie. Ce que je veux dire simplement est ceci: ne remets jamais à plus tard une possibilité de bonheur pour accomplir quelque chose. Ne remets jamais à plus tard les choses qui sont importantes pour ton bien-être et ta satisfaction. Aujourd'hui est le jour où tu vivras pleinement, et non pas celui où tu gagneras à la loterie ou bien où tu prendras ta retraite. Ne remets jamais à plus tard l'occasion de vivre!»

Julian se leva et commença à faire les cent pas dans la salle de séjour comme un avocat plaidant chevronné qui conclut son argument par quelques raisonnements passionnés. «Ne te leurre pas en croyant que tu seras un mari plus aimant et plus généreux quand ton cabinet d'avocats engagera quelques jeunes avocats de plus pour te faciliter la tâche. Ne te leurre pas en croyant que tu vas commencer à enrichir ton esprit, à t'occuper de ton corps et à nourrir ton âme lorsque ton compte en banque augmentera suffisamment et que tu auras le luxe d'avoir plus de loisirs. Il faut jouir aujourd'hui du fruit de tes efforts. Aujourd'hui, c'est le jour où tu dois saisir le moment et le vivre avec élan. Aujourd'hui, c'est le jour où tu dois vivre selon ton imagination et récolter tes rêves. Et je t'en prie, n'oublie jamais, jamais, le don que représente la famille.

– Je ne suis pas sûr que je comprends exactement ce que tu veux dire, Julian.»

– Vis l'enfance de tes enfants», me répondit-il simplement.

– Quoi?», dis-je en marmottant, rendu perplexe par cet apparent paradoxe.

– Peu de choses sont aussi significatives que de faire partie de l'enfance de tes enfants. À quoi cela te sert-il de grimper les échelons du succès si tu n'as pas assisté aux premiers pas de tes propres enfants? À quoi cela te sert-il de posséder la plus grande maison du quartier si tu n'as pas pris le temps de créer un foyer? À quoi cela te sert-il d'être connu dans tout le pays comme un avocat plaidant célèbre si tes enfants ne connaissent même pas leur père?» me dit Julian, dont la voix tremblait d'émotion. «Je sais de quoi je parle.»

Je fus ébahi par ce dernier commentaire. Tout ce que je savais de Julian, c'est qu'il avait été une vedette du barreau qui fréquentait les gens riches et branchés. Ses rendez-vous romantiques avec de jeunes mannequins étaient aussi légendaires que ses compétences professionnelles. Qu'est-ce que cet ancien play-boy millionnaire connaissait de la paternité? Que pouvait-il savoir des batailles quotidiennes auxquelles je faisais face pour essayer d'être tout pour tout le monde, un très bon père et un avocat qui a réussi? Mais, grâce à son sixième sens, Julian m'avait compris.

– Je sais ce que c'est que la bénédiction que nous appelons les enfants», me dit-il doucement.

– Mais j'ai toujours pensé que tu étais le célibataire le plus recherché de la ville avant que tu jettes l'éponge et que tu abandonnes la profession.

– Avant d'être emporté par les illusions de ce mode de vie frénétique pour lequel j'étais si bien connu, sais-tu que j'ai été marié?

– Oui.»

Il se tut alors, comme un enfant le ferait avant de confier un secret à son meilleur ami. «Ce que tu ne sais pas, c'est que j'ai eu aussi une petite fille. C'était la plus douce et la plus délicate des créatures. À cette époque-là, je ressemblais beaucoup à celui que tu étais la première fois que nous nous sommes rencontrés: effronté, ambitieux et plein d'espoir. J'avais tout ce que l'on peut désirer. Les gens me disaient que j'avais un avenir brillant, une femme extraordinairement belle, et une fille merveilleuse. Pourtant, alors que la vie semblait parfaite, tout m'a été enlevé en un instant.»

Pour la première fois depuis son retour, le visage perpétuellement joyeux de Julian fut assombri par la tristesse. Une seule larme commença à glisser le long de sa joue bronzée et tomba sur le velours de sa robe rouge rubis. La révélation de mon ami de longue date m'avait coupé la parole et pris à la gorge.

«Tu n'as pas besoin de continuer, Julian», lui dis-je en plaçant un bras autour de ses épaules pour le réconforter.

– Mais je dois le faire, John. De tous ceux que j'ai connus dans mon ancienne vie, tu étais le plus prometteur. Comme je te l'ai dit, tu me rappelais beaucoup celui que j'étais quand j'étais plus jeune. Même maintenant, tu recèles encore tant de choses en toi. Mais si tu continues à mener la vie que tu mènes, tu iras droit vers le désastre. Je suis revenu ici pour te montrer qu'il existe un grand nombre de merveilles qui attendent que tu les explores, un grand nombre de moments que tu pourras savourer.

«Le chauffard ivre qui a tué ma fille par cet après-midi ensoleillé d'octobre ne m'a pas enlevé une seule vie précieuse, il m'en a enlevé deux. Après la mort de ma fille, ma vie s'est écroulée. J'ai commencé à passer chaque minute de ma journée au bureau, en espérant sottement que ma carrière m'aiderait à guérir mon cœur brisé. Parfois, je passais même la nuit sur un divan dans mon bureau, de crainte de rentrer chez moi où tant de doux souvenirs étaient morts. Et tandis que ma carrière prenait son essor, le chaos envahissait mon monde intérieur. Ma femme, qui avait été constamment ma compagne depuis la faculté de droit, m'a quitté en alléguant que la dernière goutte qui avait fait déborder le vase était la façon dont mon travail m'obsédait. Ma santé s'est détériorée et je me suis enfoncé dans cette vie infâme que je menais lorsque nous nous sommes rencontrés pour la première fois. Bien sûr, j'avais tout ce que l'argent permet d'acheter. Mais j'ai vendu mon âme pour cela, je l'ai vraiment fait», dit Julian dont les émotions étouffaient la voix.

– Alors, quand tu dis "vis l'enfance de tes enfants", tu me dis essentiellement de prendre le temps de les regarder grandir et s'épanouir. C'est ça, n'est-ce pas?

– Même aujourd'hui, vingt-sept ans après la mort de ma fille, alors que nous la conduisions à l'anniversaire de sa meilleure amie, je donnerais n'importe quoi pour entendre ma fille pouffer de rire ou pour jouer à cache-cache avec elle comme nous le faisions dans notre jardin. J'aimerais la tenir dans mes bras et caresser doucement ses cheveux dorés. Elle a emporté un morceau de mon cœur lorsqu'elle est morte. Et, bien que ma vie ait été transformée depuis que j'ai trouvé la vérité et acquis la maîtrise de moi-même à Sivana, il ne se passe pas un jour sans que je revoie le visage rose de ma douce petite fille, dans le théâtre silencieux de mon esprit. Tu as des enfants formidables, John. Il ne faut pas que tu laisses les arbres t'empêcher de voir la forêt. Le plus beau cadeau que tu auras jamais fait à tes enfants, c'est ton amour. Apprends à les connaître de nouveau. Montre-leur qu'ils sont beaucoup plus importants pour toi que les récompenses futiles de ta carrière. Bientôt ils partiront, ils auront leur propre vie et leur propre famille. Il sera trop tard alors. Le moment sera passé.»

Julian m'avait touché au plus profond de moi-même. Je suppose que je savais depuis un moment déjà que le rythme frénétique auquel je travaillais était en train de m'éloigner lentement mais sûrement de ma famille. Mais c'était comme des braises qui rougeoyaient tranquillement et rassemblaient lentement leur chaleur avant de révéler toute la mesure de leur potentiel destructeur. Je savais que mes enfants avaient besoin de moi, même s'ils ne me l'avaient pas dit. J'avais besoin d'entendre Julian me le dire. Le temps passait et ils grandissaient si vite. Je ne pouvais pas me rappeler la dernière fois où mon fils Andy et moi étions partis tôt un samedi matin pour passer la journée à pêcher à l'endroit préféré de son grand-père. À un moment donné, nous y allions presque tous les samedis. Maintenant, ce rituel ressemblait aux souvenirs de quelqu'un d'autre.

Plus j'y pensais, plus cela me faisait mal. Les récitals de piano, les pièces de théâtre à Noël, les championnats de base-ball, j'avais tout laissé tomber pour ma carrière.

«*Qu'est-ce que je suis en train de faire?*» me demandai-je. J'étais vraiment en train de glisser rapidement le long de la pente que Julian avait décrite. Je pris immédiatement la résolution de changer.

«Le bonheur est un voyage», continua Julian, dont la voix s'enflammait de passion de nouveau. «C'est aussi un choix que tu fais. Tu peux t'émerveiller devant les diamants qui bordent le chemin et tu peux continuer à traverser tes journées en courant, à la poursuite d'un trésor qui finira par n'être qu'une déception. Savoure les moments spéciaux que chaque journée t'apporte parce qu'aujourd'hui, cette journée, c'est tout ce que tu as.

– Est-ce qu'on peut apprendre à "vivre dans l'*ici-maintenant*"?

– Absolument. Quelles que soient les circonstances actuelles, tu peux t'exercer à apprécier le présent qui représente la vie et remplir ton existence des joyaux de la vie quotidienne.

– Mais est-ce que ce n'est pas un peu optimiste? Et qu'en est-il de quelqu'un qui vient de perdre tout ce qu'il possède à cause d'une mauvaise affaire? Disons que cette personne a non seulement fait faillite financièrement, mais émotivement aussi.

– Les dimensions de ton compte en banque et les dimensions de ta maison n'ont rien à voir avec une vie pleine de joie et d'émerveillement. Ce monde est plein de millionnaires malheureux. Crois-tu que les sages que j'ai rencontrés à Sivana étaient intéressés par un portefeuille financier équilibré et songeaient à acquérir une résidence secondaire sur la Côte d'Azur?» me demanda Julian d'un air espiègle.

– D'accord. Je vois ce que tu veux dire.

– Il existe une immense différence entre "faire beaucoup d'argent" et "faire beaucoup de vie". Quand tu commenceras à passer ne serait-ce que cinq minutes par jour à t'exercer à l'art de la gratitude, tu cultiveras la vie riche que tu recherches. Même celui dont tu as parlé dans ton exemple peut trouver un nombre considérable de choses pour lesquelles il peut être reconnaissant, quel que soit l'état financier désastreux dans laquelle il se trouve. Demande-lui s'il a toujours une bonne santé, une famille aimante et une bonne réputation. Demande-lui s'il est heureux d'être le citoyen d'un grand pays et s'il a toujours un toit sur la tête. Il n'aura peut-être pas d'autres biens qu'une grande capacité de travail et celle de faire de grands rêves. Pourtant, ce sont de grands atouts pour lesquels il doit être reconnaissant. Nous avons tous tant de choses pour lesquelles nous devons être reconnaissants. Même les oiseaux qui chantent sur le bord de ta fenêtre durant une magnifique journée d'été semblent être un cadeau pour le sage. N'oublie pas, John, que la vie ne te donne pas toujours ce que tu demandes, mais elle te donne toujours ce dont tu as besoin.

– Donc, en exprimant ma gratitude quotidiennement pour tous mes atouts, qu'ils soient matériels ou spirituels, je pourrais acquérir l'habitude de vivre dans le présent?

– Oui. C'est une méthode efficace pour mettre plus de vie dans ta vie. Quand tu savoures l'*"ici-maintenant"*, tu ranimes le feu de la vie qui te permet de rendre ton destin plus grand.»

– Rendre mon destin plus grand?

– Oui. Je t'ai dit tout à l'heure que nous avons tous reçu certains talents. Chaque personne qui vit sur la planète est un génie.

– Tu ne connais pas certains des avocats avec lesquels je travaille», dis-je en plaisantant.

«Tout le monde», dit Julian en insistant. «Nous avons tous quelque chose que nous sommes censés faire. Ton génie apparaîtra, et le bonheur remplira ta vie, à l'instant où tu découvriras quel est ton but élevé et que tu dirigeras ensuite toute ton énergie vers son accomplissement. Une fois que tu auras compris quelle est ta mission, que ce soit celle d'être un merveilleux enseignant ou un artiste inspiré, tous tes désirs seront comblés sans aucun effort. Tu n'auras même pas besoin d'essayer. En fait, plus tu essaieras, plus cela te prendra du temps pour atteindre tes buts. Au lieu de cela, suis simplement le sentier de tes rêves, prêt à accepter l'abondance qui va certainement se manifester. Il te mènera à ta destination divine. C'est ce que je veux dire quand je parle de rendre ton destin plus grand», dit Julian avec sagesse.

«Quand j'étais un jeune garçon, mon père aimait me lire un conte de fées qui s'appelait *Pierre et le fil magique*. Pierre était un petit garçon très enjoué. Tout le monde l'aimait: sa famille, ses professeurs et ses amis, mais il avait une faiblesse.

– Quelle faiblesse?

– Pierre ne pouvait jamais vivre dans le présent. Il n'avait pas appris à apprécier le processus de la vie. Lorsqu'il était à l'école, il rêvait qu'il jouait dehors. Lorsqu'il était dehors en train de jouer, il rêvait à ses vacances d'été. Pierre rêvait constamment, les yeux grands ouverts, et ne prenait jamais le temps de savourer les moments spéciaux qui remplissaient ses journées. Un matin, Pierre se promenait dans une forêt près de sa maison. Se sentant fatigué, il décida de se reposer sur le gazon et finit par s'endormir. Après quelques minutes de sommeil profond, il entendit quelqu'un qui l'appelait: "Pierre! Pierre!", d'une voix aiguë. Il ouvrit lentement les yeux et fut surpris de voir une femme assez extraordinaire qui le regardait. Elle devait avoir plus de cent ans et ses cheveux blancs comme neige pendaient bien plus bas que ses épaules, comme une couverture de laine emmêlée. Dans la main ridée de cette femme se trouvait une petite balle magique avec un trou au centre, et hors du trou pendait un long fil doré.

«"Pierre", dit-elle, "ceci est le fil de ta vie. Si tu tires le fil un petit peu, une heure passera en quelques secondes. Si tu tires un peu plus fort, des journées entières passeront en quelques minutes. Et si tu tires de toutes tes forces, des mois, et même des années, passeront en quelques jours." Pierre fut très excité par cette découverte. "Est-ce que je pourrais l'avoir?", demanda-t-il. La vieille femme tendit rapidement la balle avec le fil magique au jeune garçon.

«Le lendemain, Pierre était assis en classe. Il était agité et s'ennuyait. Soudain, il se rappela son nouveau jouet. Comme il tirait un peu sur le fil d'or, il se retrouva rapidement chez lui en train de jouer dans son jardin. Lorsqu'il se rendit compte du pouvoir du fil magique, Pierre fut bientôt fatigué d'être un élève et eut envie d'être un adolescent, en pensant que cette étape de sa vie serait beaucoup plus amusante. Donc, il prit la balle et tira assez fort sur le fil doré.

«Soudain, il fut un adolescent accompagné d'une très jolie jeune fille appelée Élise. Mais Pierre n'était toujours pas content. Il n'avait jamais appris à savourer le moment et à explorer les simples merveilles de chaque étape de sa vie. Au lieu de cela, il souhaita être un adulte. Donc, encore une fois, il tira sur le fil et plusieurs années passèrent en un instant. Il s'aperçut alors qu'il avait été transformé en un adulte d'un certain âge. Élise était maintenant sa femme et Pierre était entouré d'une nichée d'enfants. Mais Pierre avait aussi remarqué quelque chose d'autre. Sa chevelure, jadis d'un noir de jais, commençait à devenir grise. Et sa mère qu'il aimait tendrement n'était plus la jeune femme qu'il connaissait, mais une vieille femme fragile. Pourtant, Pierre ne pouvait toujours pas vivre dans le présent. Il n'avait jamais appris à vivre dans l'"ici-maintenant". Donc, une fois de plus, il tira sur le fil magique et attendit que les changements apparaissent.

«Pierre s'aperçut qu'il était maintenant un homme de quatre-vingt-dix ans. Son épaisse chevelure noire était maintenant aussi blanche que la neige, sa belle jeune femme Élise avait vieilli aussi et elle était morte quelques années auparavant. Ses merveilleux enfants avaient grandi et avaient quitté la maison pour mener leur vie. Pour la première fois de toute sa vie, Pierre se rendit compte qu'il n'avais jamais pris le temps d'apprécier les merveilles de la vie. Il n'était jamais allé à la pêche avec ses enfants. Il n'était jamais allé se promener au clair de lune avec Élise. Il n'avait jamais planté des fleurs dans un jardin ou lu ces livres merveilleux que sa mère aimait à lire. Au lieu de cela, il s'était précipité dans la vie, sans jamais prendre le temps de l'apprécier.

«Cette découverte attrista beaucoup Pierre. Il décida d'aller dans la forêt où il avait l'habitude de se promener lorsqu'il était enfant pour s'éclaircir les idées et se réchauffer le cœur. Comme il pénétrait dans la forêt, il remarqua que les petits arbrisseaux de son enfance étaient devenus de grands chênes puissants. La forêt elle-même était devenue un paradis de la nature. Il s'étendit sur le gazon et s'endormit profondément. Après quelques minutes, il entendit quelqu'un qui l'appelait: "Pierre! Pierre!", d'une voix aiguë. Il ouvrit les yeux, étonné de voir que c'était la vieille femme qui lui avait donné la balle avec le fil magique de nombreuses années auparavant.

«"Est-ce que tu as aimé mon cadeau spécial?", demanda-t-elle.

«Pierre lui répondit franchement.

«"Au début, c'était amusant, mais maintenant je le déteste. Toute ma vie est passée devant mes yeux sans me donner l'occasion de l'apprécier. Bien sûr, il y aurait eu des moments de tristesse et des moments de joie, mais je n'ai pas eu l'occasion d'y goûter. Je me sens vide à l'intérieur. Je n'ai pas eu l'occasion de vivre."

«"Tu es très ingrat", dit la vieille femme. "Pourtant, je vais t'accorder un dernier souhait."

225

«Pierre réfléchit un instant, puis répondit rapidement. "J'aimerais revenir au temps où j'étais un jeune écolier et revivre ma vie." Et il se rendormit.

«Il entendit à nouveau quelqu'un qui l'appelait et ouvrit les yeux. *"Qui cela peut-il être cette fois-ci"*, se demanda-t-il. Lorsqu'il ouvrit les yeux, il fut absolument enchanté de voir que sa mère était près de son lit. Elle avait l'air jeune, en bonne santé, et elle était rayonnante. Pierre s'aperçut que l'étrange femme de la forêt avait exaucé son vœu et qu'il était retourné à sa vie antérieure.

«"Dépêche-toi, Pierre. Tu dors trop. Tes rêves te mettront en retard pour l'école si tu ne te lèves pas immédiatement", lui dit sa mère d'un ton grondeur. Inutile de dire que Pierre se précipita hors du lit ce matin-là et commença à vivre la vie qu'il avait souhaitée. Pierre mena une vie pleine et riche de nombreux moments de délices, de joies et de triomphes, mais tout avait commencé lorsqu'il cessa de sacrifier le présent pour l'avenir et se mit à vivre dans l'*"ici-maintenant"*.

– C'est une histoire étonnante», dis-je doucement.

– Malheureusement, John, l'histoire de *Pierre et le fil magique* n'est que cela, une histoire, un conte de fées. Nous, ici dans le vrai monde, nous n'aurons jamais une deuxième occasion de mener notre vie différemment. Aujourd'hui est notre seule chance de nous éveiller et d'apprécier le cadeau de la vie avant qu'il soit trop tard. Le temps nous glisse vraiment entre les doigts comme de minuscules grains de sable. Que cette nouvelle journée soit un moment tournant de ta vie, celle où tu prendras la décision une fois pour toutes de te concentrer sur ce qui est vraiment important pour toi. Prends la décision de passer plus de temps avec ceux qui donnent un sens à ta vie, vénère les moments spéciaux, savoure leur pouvoir. Fais les choses que tu as toujours eu envie de faire. Grimpe sur cette montagne que tu as toujours eu envie d'escalader ou apprends à jouer de la trompette. Danse sous la pluie ou monte une nouvelle affaire. Apprends à aimer la musique, apprends à parler une nouvelle langue et ranime les joies de ton enfance. Cesse de remettre à plus tard le moment d'être heureux par amour du succès matériel. Au lieu de cela, pourquoi ne pas savourer le processus? Ranime ta joie de vivre et commence à nourrir ton âme. C'est le chemin qui mène au Nirvana.

– Au Nirvana?

– Les Sages de Sivana croient que la destination ultime de toutes les âmes édifiées est un lieu appelé Nirvana. En réalité, c'est plus qu'un lieu, c'est un état de sérénité suprême. Les sages croient que le Nirvana est un état, un état qui transcende tout ce qu'ils ont connu auparavant. Au Nirvana, toutes les choses sont possibles. Il n'y a pas de souffrances et la danse de la vie se déroule avec une perfection divine. Dans le Nirvana, les sages ont le sentiment qu'ils seront au paradis sur terre. C'est leur ultime but dans la vie», observa Julian dont le visage avait l'air maintenant presque angélique.

«Nous sommes tous ici pour une raison spéciale», dit-il d'un ton prophétique. «Médite sur ta vraie vocation, et sur la façon dont tu peux donner de toi-même aux autres. Cesse d'être un prisonnier de la gravité. Aujourd'hui, allume l'étincelle de ta vie et laisse les flammes monter très haut. Commence à mettre en application les principes et les méthodes dont je t'ai parlé. Sois tout ce que tu peux être. Un moment viendra où toi aussi tu goûteras aux fruits de ce lieu appelé Nirvana.

– Comment saurai-je que j'ai atteint cet état d'édification?

– De petites indications te confirmeront que tu y as pénétré. Tu commenceras à remarquer la sainteté de tout ce qui t'entoure: l'aspect divin d'un rayon de lune, la beauté d'un ciel bleu par une journée brûlante d'été, le parfum suave d'une marguerite ou le rire d'un enfant malicieux.

– Julian, je te promets que le temps que tu as passé avec moi n'aura pas été inutile. Je vais vivre selon les préceptes des

Sages de Sivana et je tiendrai la promesse que je t'ai faite en partageant tout ce que j'ai appris avec ceux qui profiteront de ton message. Je te parle du fond du cœur. Je te donne ma parole», lui dis-je avec sincérité, en proie à de profondes émotions.

– Divulgue le riche héritage des sages à tous ceux qui t'entourent. Ils profiteront rapidement de ces connaissances et amélioreront la qualité de leur vie, tout comme tu amélioreras la qualité de la tienne. Et n'oublie pas qu'il faut savourer le voyage. La route est aussi belle que la destination.»

Je laissai Julian continuer. «Yogi Raman était un grand conteur, mais il y a une histoire qu'il m'a racontée qui est supérieure aux autres. Puis-je te la raconter?

– Bien sûr.

«Il était une fois, dans l'Inde ancienne, un maharajah qui voulait ériger un grand monument en hommage à sa femme en signe de l'amour profond et de l'affection qu'il lui portait. Cet homme voulait créer une construction sans pareille, qui brillerait dans le ciel au clair de lune, une armature qui serait admirée durant les siècles à venir. Donc, chaque jour, pierre par pierre, les ouvriers travaillaient sous le soleil brûlant. Chaque jour, l'édifice prenait de plus en plus forme. Il ressemblait de plus en plus à un monument, de plus en plus à un phare d'amour qui se découpait sur le ciel bleu azur de l'Inde. Finalement, après vingt-deux ans de travail quotidien, ce palais de marbre fut terminé. Tu sais de quoi je parle?

– Je n'en ai pas la moindre idée.

«Du Taj Mahal, l'une des Sept Merveilles du monde», répliqua Julian. «Ce que je veux te dire est simple. Tout le monde sur cette planète est une merveille de ce monde. Chacun d'entre nous est d'une certaine façon un héros. Chacun d'entre nous a le potentiel d'accomplir des choses extraordinaires, d'être heureux et de s'épanouir. Pour cela, il faut faire quelques petits pas dans la direction de nos rêves. À l'instar du Taj Mahal, une vie qui déborde de merveilles est bâtie jour après jour, pierre par pierre. Les petites victoires mènent aux grandes. Les petits changements progressifs et les améliorations telles que celles que je t'ai suggérées de faire créeront des habitudes positives. Les habitudes positives créeront des résultats. Et les résultats t'inspireront à faire de plus grands changements personnels. Commence par vivre chaque jour comme si c'était le dernier de ta vie. Commence aujourd'hui. Apprends davantage, ris davantage, et fais ce que tu aimes vraiment faire. Ne te prive pas de ton destin. Car ce qui est derrière toi et ce qui t'attend n'est rien comparé à ce qui est en toi.»

Sans ajouter un autre mot, Julian Mantle, l'avocat millionnaire devenu moine éclairé, se leva, me serra dans ses bras comme le frère qu'il n'avais jamais eu et sortit de ma salle de séjour dans la chaleur humide de l'été. Alors que j'étais assis tout seul, occupé à mettre de l'ordre dans mes pensées, je remarquai que la seule trace qui restait de l'extraordinaire visite de ce sage messager attendait silencieusement sur la table basse devant moi. C'était sa tasse vide.

Chapitre 13
Résumé de l'activité • La sagesse de Julian en peu de mots

Le symbole

La vertu

Ouvrez les bras au présent

La sagesse

- Vivez dans l'«*ici-maintenant*». Savourez le cadeau que représente le présent
- Ne sacrifiez jamais votre bonheur par amour du succès matériel
- Savourez le voyage et vivez chaque jour comme si c'était le dernier

Les techniques

- Vivez l'enfance de vos enfants
- Prenez l'habitude d'exprimer votre gratitude
- Rendez votre destin plus grand

Citation à citer

«Nous sommes tous ici pour une raison spéciale. Cesse d'être le prisonnier de ton passé. Deviens l'architecte de ton avenir.»

Le Moine qui vendit sa Ferrari

© 1997, Robin S. Sharma

Les Sept Vertus Éternelles de la Sagesse

Vertu		Symbole
Maîtrisez votre esprit		Le jardin magnifique
Concentrez-vous sur votre but		Le grand phare
Pratiquez le *kaizen*		Le lutteur de sumo
Vivez avec discipline		Le câble rose
Respectez le temps qui vous a été accordé		Le chronomètre en or
Servez les autres en vous oubliant		Les roses parfumées
Ouvrez les bras au présent		Le sentier pavé de diamants

**Pour tous renseignements
à propos de Monsieur Robin Shilp Sharma:**

Shashi Tangri
National Program Director
Sharma Leadership International
7B Pleasant Boulevard, Suite 957
Toronto, Ontario
Canada M4T 1K2
Tél.: 1-888-RSHARMA (774-2762)
Fax: 905-780-0283
Site Web: wisdom@robinsharma.com

CHEZ LE MÊME ÉDITEUR:

Liste des livres en vente:

52 cartes d'affirmations, *Catherine Ponder*

52 étapes pour atteindre le succès, *Napoleon Hill*

52 façons de développer son estime personnelle et sa confiance en soi,
  Catherine E. Rollins

52 façons simples d'aider votre enfant à s'aimer et à avoir confiance en lui,
  Jan Lynette Dargatz

52 façons simples de dire «Je t'aime» à votre enfant, *Jan Lynette Dargatz*

1001 maximes de motivation, *Sang H. Kim*

Accomplissez des miracles, *Napoleon Hill*

Agenda du Succès *(formats courant et de poche), éditions Un monde différent*

Aidez les gens à devenir meilleurs, *Alan Loy McGinnis*

À la conquête du succès, *Samuel A. Cypert*

À la recherche d'un équilibre: une stratégie antistress, *Lise Langevin Hogue*

Amazon.com, *Robert Spector*

Ange de l'espoir (L'), *Og Mandino*

À propos de..., *Manuel Hurtubise*

Apprivoiser ses peurs, *Agathe Bernier*

Arrêtez d'avoir peur et croyez au succès!, *Jean-Guy Leboeuf*

Arrêtez la terre de tourner, je veux descendre!, *Murray Banks*

Ascension de l'empire Marriott (L'), *J.W. Marriott et Kathi Ann Brown*

Attirez la prospérité, *Robert Griswold*

Attitude d'un gagnant, *Denis Waitley*

Attitude gagnante: la clef de votre réussite personnelle (Une), *John C. Maxwell*

Attitudes pour être heureux, *Robert H. Schuller*

Au cas où vous croiriez être normal, *Murray Banks*

Bien vivre sa retraite: l'art de profiter de ses temps libres, et la vie affective et
  sexuelle à la retraite, *Jean-Luc Falardeau et Denise Badeau*

Bonheur et autres mystères, suivi de La Naissance du Millionnaire (Le), *Marc
  Fisher*

Capitalisme avec compassion (Le), *Rich DeVos*

Chapeau neuf (Le), *Marc Montplaisir*

Chemin de la vraie fortune (Le), *Guy Finley*

Cartes de motivation, *Un monde différent*

Ces forces en soi, *Barbara Berger*

Cœur à Cœur, l'audace de Vivre Grand, *Thierry Schneider*
Comment contrôler votre temps et votre vie, *Alan Lakein*
Comment réussir l'empowerment
dans votre organisation? *John P. Carlos, Alan Randolph et Ken Blanchard*
Comment se fixer des buts et les atteindre, *Jack E. Addington*
Comment vaincre un complexe d'infériorité, *Murray Banks*
Comment vivre avec soi-même, *Murray Banks*
Communiquer: Un art qui s'apprend, *Lise Langevin Hogue*
Créé pour vivre, *Colin Turner*
Créez votre propre joie intérieure, *Renee Hatfield*
Dauphin, l'histoire d'un rêveur (Le), *Sergio Bambaren*
Débordez d'énergie au travail et à la maison, *Nicole Fecteau-Demers*
Découverte par le Rêve (La), *Nicole Gratton*
Découvrez le diamant brut en vous, *Barry J. Farber*
Découvrez votre mission personnelle par les signes de jour et par les rêves de
        nuit, *Nicole Gratton*
De l'échec au succès, *Frank Bettger*
De la part d'un ami, *Anthony Robbins*
Dépassement total, *Zig Ziglar*
Devenez influent, *Anthony P. Zeiss*
Développez habilement vos relations humaines, *Leslie T. Giblin*
Développez votre confiance et votre puissance avec les gens, *Leslie T. Giblin*
Développez votre leadership, *John C. Maxwell*
Devenez la personne que vous rêvez d'être, *Robert H. Schuller*
Devenez une personne d'influence, *John C. Maxwell* et *Jim Dornan*
Devenir maître motivateur, *Mark Victor Hansen et Joe Batten*
Dites oui à votre potentiel, *Skip Ross*
Dix commandements pour une vie meilleure, *Og Mandino*
Échelons de la réussite (Les), *Ralph Ransom*
Elle et lui une union à protéger, *Willard F. Harley*
En route vers la qualité totale par l'excellence de soi, *André Quéré*
En route vers le succès, *Rosaire Desrosby*
Enthousiasme fait la différence (L'), *Norman Vincent Peale*
Entre deux vies, *Joel L.Whitton et Joe Fisher*
Envol du fabuleux voyage (L'), *Louis A. Tartaglia*
Esprit qui anime les gagnants (L'), *Art Garner*
Être à l'écoute de son guide intérieur, *Lee Coit*
Eurêka!, *Colin Turner*
Éveillez votre pouvoir intérieur, *Rex Johnson et David Swindley*
Évoluer vers le bonheur intérieur permanent, *Nicole Pépin*
Faites la paix avec vous-même, *Ruth Fishel*
Fonceur (Le), *Peter B. Kyne*
Gestion du temps (La), *Danielle DeGarie*
Guide de survie par l'estime de soi, *Aline Lévesque*
Hectares de diamants (Des), *Russell H. Conwell*

Homme est le reflet de ses pensées (L'), *James Allen*
Homme le plus riche de Babylone (L'), *George S. Clason*
Il faut le croire pour le voir, *Wayne W. Dyer*
Illusion de l'ego (L'), *Chuck Okerstrom*
Je vous défie!, *William H. Danforth*
Journal d'un homme à succès, *Jim Paluch*
Joy, tout est possible, *Thierry Schneider*
Leader, avez-vous ce qu'il faut?, *John C. Maxwell*
Légende des manuscrits en or (La), *Glenn Bland*
Livre des secrets (Le), *Robert J. Petro* et *Therese A. Finch*
Livre d'or de l'optimiste (Le), *parrainé par Véronique Cloutier*
Livre d'or des relations humaines (Le), *parrainé par Pierre Lalonde*
Livre d'or du bonheur (Le), *parrainé par Diane et Paolo Noël*
Livre d'or du gagnant (Le), *parrainé par Manuel Hurtubise*
Lois dynamiques de la prospérité (Les), *Catherine Ponder*
Magie de penser succès (La), *David J. Schwartz*
Magie de s'autodiriger (La), *David J. Schwartz*
Magie de voir grand (La), *David J. Schwartz*
Maître (Le), *Og Mandino*
Maîtrisez vos comportements sans les faire subir aux autres, *Robert A. Schuller*
Marketing de réseaux, un mode de vie (Le), *Janusz Szajna*
Même les aigles ont besoin d'une poussée, *David McNally*
Mémorandum de Dieu (Le), *Og Mandino*
Mes valeurs, mon temps, ma vie!, *Hyrum W. Smith*
Moine qui vendit sa Ferrari (Le), *Robin S. Sharma*
Motivation par l'action (La), *Jack Stanley*
Napoleon Hill et l'attitude mentale positive, *Michael J. Ritt*
Naufrage intérieur, le vrai Titanic, *Richard Durand*
Objectif: Réussir sa vie et dans la vie!, *Richard Durand*
Oser... L'Amour dans tous ses états!, *Pierrette Dotrice*
Osez Gagner, *Mark Victor Hansen et Jack Canfield*
Ouverture du cœur, les principes spirituels de l'amour (L'), *Marc Fisher*
Ouvrez votre esprit pour recevoir, *Catherine Ponder*
Ouvrez-vous à la prospérité, *Catherine Ponder*
Paradigmes (Les), *Joel A. Baker*
Pardon, guide pour la guérison de l'âme (Le), *Marie-Lou et Claude*
Parfum d'amour, *Agathe Bernier*
Pensée positive (La), *Norman Vincent Peale*
Pensez du bien de vous-même, *Ruth Fishel*
Pensez en gagnant!, *Walter Doyle Staples*
Pensez possibilités, *Robert H. Schuller*
Père riche, père pauvre, *Robert T. Kiyosaki et Sharon Lechter*
Performance maximum, *Zig Ziglar*
Personnalité plus, *Florence Littauer*
Plaisir de réussir sa vie (Le), *Marguerite Wolfe*

Plus grand miracle du monde (Le), *Og Mandino*
Plus grand mystère du monde (Le), *Og Mandino*
Plus grand secret du monde (Le), *Og Mandino*
Plus grand succès du monde (Le), *Og Mandino*
Plus grand vendeur du monde (Le), *Og Mandino*
Pour le cœur et l'esprit, *Patrick Leroux*
Pourquoi se contenter de la moyenne quand on peut exceller?, *John L. Mason*
Pouvoir de la pensée positive (Le), *Eric Fellman*
Pouvoir de la persuasion (Le), *Napoleon Hill*
Pouvoir de vendre (Le), *José Silva et Ed Bernd fils*
Pouvoir triomphant de l'amour (Le), *Catherine Ponder*
Prenez du temps pour vous-même, *Ruth Fishel*
Prenez rendez-vous avec vous-même, *Ruth Fishel*
Progresser à pas de géant, *Anthony Robbins*
Provoquez le leadership, *John C. Maxwell*
Puissance d'une vision (La), *Kevin McCarthy*
Quand on veut, on peut!, *Norman Vincent Peale*
Que faire en attendant le psy?, *Murray Banks*
Qui va pleurer... quand vous mourrez? *Robin S. Sharma*
Réincarnation: il faut s'informer (La), *Joe Fisher*
Relations humaines, secret de la réussite (Les), *Elmer Wheeler*
Rendez-vous au sommet, *Zig Ziglar*
Retour du chiffonnier (Le), *Og Mandino*
Réussir à tout prix, *Elmer Wheeler*
Réussir grâce à la confiance en soi, *Beverly Nadler*
Rêves d'amour, du romantisme à la sensualité dans les images de la nuit
     (Les), *Nicole Gratton*
Roue de la sagesse (La), *Angelika Clubb*
Route de la vie (La), *Carolle Anne Dessureault*
Sagesse du moine qui vendit sa Ferrari (La), *Robin S. Sharma*
S'aimer soi-même, *Robert H. Schuller*
Saisons du succès (Les), *Denis Waitley*
Sans peur et sans relâche, *Joe Tye*
Se connaître et mieux vivre, *Monique Lussier*
Secret d'un homme riche (Le), *Ken Roberts*
Secret d'une prospérité illimitée (Le), *Catherine Ponder*
Secret est dans le plaisir (Le), *Marguerite Wolfe*
Secrets de la confiance en soi (Les), *Robert Anthony*
Secrets de la vente professionnelle, *Jean-Guy Leboeuf*
Secrets d'une vie magique, *Pat Williams*
Semainier du Succès (Le), *éditions Un monde différent ltée*
Sommeil idéal, guide pour bien dormir et vaincre l'insomnie (Le), *Nicole
     Gratton*
S.O.S. à l'amour, *Willard F. Harley, fils*
Souriez à la vie, *Zig Ziglar*

Sports versus affaires, *Don Shula et Ken Blanchard*
Stratégies de prospérité, *Jim Rohn*
Stratégies pour communiquer efficacement, *Vera N. Held*
Stress: Lâchez prise! (Le), *Guy Finley*
Succès d'après la méthode de Glenn Bland (Le), *Glenn Bland*
Succès n'est pas le fruit du hasard (Le), *Tommy Newberry*
Télépsychique (La), *Joseph Murphy*
Tiger Woods: La griffe d'un champion, *Earl Woods et Pete McDaniel*
Tout est possible, *Robert H. Schuller*
Un, *Richard Bach*
Vaincre les obstacles de la vie, *Gerry Robert*
Vente: Étape par étape (La), *Frank Bettger*
Vente: Une excellente façon de s'enrichir (La), *Joe Gandolfo*
Vie est magnifique (La), *Charlie «T.» Jones*
Vie est un rêve (La), *Marc Fisher*
Visez la victoire, *Lanny Bassham*
Vivre au cœur de la tornade, *Diane Desaulniers et Esther Matte*
Vivre Grand: développez votre confiance jusqu'à l'audace, *Thierry Schneider*
Votre chemin de fortune, *Guy Finley*
Votre droit absolu à la richesse, *Joseph Murphy*
Votre force intérieure = T.N.T, *Claude M. Bristol et Harold Sherman*
Votre liberté financière grâce au marketing par réseaux, *André Blanchard*
Vous êtes unique, ne devenez pas une copie!, *John L. Mason*
Liste des cassettes audio en vente:
Après la pluie, le beau temps!, *Robert H. Schuller*
Arrêtez d'avoir peur et croyez au succès!, *Jean-Guy Leboeuf*
Assurez-vous de gagner, *Denis Waitley*
Atteindre votre plein potentiel, *Norman Vincent Peale*
Attitude d'un gagnant, *Denis Waitley*
Comment attirer l'argent, *Joseph Murphy*
Comment contrôler votre temps et votre vie, *Alan Lakein*
Comment se fixer des buts et les atteindre, *Jack E. Addington*
Communiquer: Un art qui s'apprend, *Lise Langevin Hogue*
Créez l'abondance, *Deepak Chopra*
De l'échec au succès, *Frank Bettger*
Dites oui à votre potentiel, *Skip Ross*
Dix commandements pour une vie meilleure, *Og Mandino*
Fortune à votre portée (La), *Russell H. Conwell*
Homme est le reflet de ses pensées (L'), *James Allen*
Intelligence émotionnelle (L'), *Daniel Goleman*
Je vous défie!, *William H. Danforth*
Lâchez prise!, *Guy Finley*
Lois dynamiques de la prospérité (Les), (2 parties) *Catherine Ponder*
Magie de croire (La), *Claude M. Bristol*
Magie de penser succès (La), *David J. Schwartz*

Magie de voir grand (La), *David J. Schwartz*
Maigrir par autosuggestion, *Brigitte Thériault*
Mémorandum de Dieu (Le), *Og Mandino*
Menez la parade!, *John Haggai*
Pensez en gagnant!, *Walter Doyle Staples*
Performance maximum, *Zig Ziglar*
Plus grand vendeur du monde (Le), (2 parties) *Og Mandino*
Pouvoir de l'optimisme (Le), *Alan Loy McGinnis*
Psychocybernétique (La), *Maxwell Maltz*
Puissance de votre subconscient (La), (2 parties) *Joseph Murphy*
Réfléchissez et devenez riche, *Napoleon Hill*
Rendez-vous au sommet, *Zig Ziglar*
Réussir grâce à la confiance en soi, *Beverly Nadler*
Secret de la vie plus facile (Le), *Brigitte Thériault*
Secrets pour conclure la vente (Les), *Zig Ziglar*
Se guérir soi-même, *Brigitte Thériault*
Sept Lois spirituelles du succès (Les), *Deepak Chopra*
Votre plus grand pouvoir, *J. Martin Kohe*

Liste du disque compact en vente:

Mémorandum de Dieu (Le), (deux versions: Roland Chenail et Pierre Chagon), *Og Mandino*

En vente chez votre libraire ou à la maison d'édition
Prix sujets à changement sans préavis

Si vous désirez obtenir le catalogue de nos parutions,
il vous suffit de nous écrire à l'adresse suivante:
Éditions Un monde différent Ltée
3905, rue Isabelle
Brossard, Québec J4Y 2R2
ou de composer le 450.656.2660 ou le fax 450.659.9328
Site Internet: http://www.umd.ca
Courriel info@umd.ca

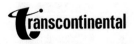

Imprimé au Canada par
Transcontinental Métrolitho